Cómo hacerte RICO usando tu *imaginación*

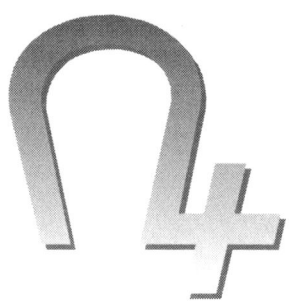

Título original: LLEWELLYN'S PRACTICAL GUIDE
                   TO CREATIVE MONEY MAKING

Traducido del inglés por Celestial Connection, Inc.
Diseño de portada: Rafael Soria

© de la edición original
   1992 Denning & Phillips
   Publicado por Llewellyn Publications
   St. Paul, MN 55164
   U.S.A.

© de la presente edición
   EDITORIAL SIRIO, S.A.   Ed. Sirio Argentina
   C/ Panaderos, 9   C/ Castillo, 540
   29005-Málaga   1414-Buenos Aires (Argentina)
   E-Mail: edsirio@vnet.es

I.S.B.N.: 84-7808-316-2
Depósito Legal: B-17.014-2000

Impreso en los talleres gráficos de Romanya/Valls
Verdaguer 1, 08786-Capellades (Barcelona)

Printed in Spain

Denning & Phillips

Cómo hacerte RICO usando tu *imaginación*

editorial Sirio, s.a.

Introducción

En realidad son pocas las personas que entienden lo que es en sí el dinero: *una fuerza verdaderamente mágica.* Pero así es: cada dólar, cada peseta o cada peso que tienes en tu poder ahora es la condensación de tres cosas combinadas: el trabajo humano, el esfuerzo y la riqueza material. Con el dinero puedes comprar estas cosas, y al mismo tiempo, puedes cambiar (vender) cosas por dinero.

Todo esto puede parecer muy obvio, pero si te das cuenta de que cada dólar, de hecho, *tiene* ese poder y no es simplemente una representación, ello debería permitirte sentir la energía palpitando en cada moneda, como si temblara por liberar esa fuerza. Observa qué sucede cuando compras trabajo con el dinero. Puedes utilizar ese trabajo para crear algo nuevo, que a su vez, puede luego venderse para obtener más dinero todavía. *El dinero puede crecer.* Y tiene esta capacidad aun si es de manera pasiva, como cuando produce intereses en una cuenta de ahorros. ¡Cuánto más poderoso puede llegar a ser si resulta de la combinación del trabajo con los materiales adecuados, y más aún cuando ambos se combinan con la habilidad!

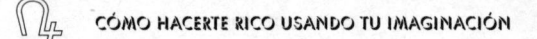

Aprende a respetar al dinero por sus poderes mágicos. ¿Qué ocurre cuando entras en un lujoso restaurante abarrotado de gente y le ofreces al *maître* un billete? Repentinamente, impones respeto y atención, es como si en un cuento de hadas, chasquearas los dedos y automáticamente dominaras la situación.

Imagina qué pasaría si tú o tus padres utilizarais el dinero para tu educación. ¡Tu vida podría transformarse! «Mágicamente», te convertirías quizás en médico, abogado o ingeniero. Podrías aprender a ser ejecutivo empresarial y dirigirías el trabajo y la habilidad de miles de empleados. Podrías convertirte en pintor, músico o escritor, y llevarías belleza e inspiración a la vida de millones de personas. Podrías ser maestro y ayudarías a transformar las vidas de muchas personas.

O en contraste con este uso benéfico de tu poder mágico, podrías adquirir un arma destructiva y aumentar el sufrimiento de hombres y animales dedicándote a la guerra, la delincuencia o la caza «deportiva».

Por supuesto, «tú» no eres el único que puede realizar estas cosas. Las empresas, las organizaciones y los gobiernos también utilizan el dinero y tienen una responsabilidad aún mayor por la manera en que lo utilizan. Pero tu conciencia como ciudadano, como consumidor, empleado o miembro de la sociedad ejerce una influencia, que junto con la de los demás termina por controlar los actos de la sociedad. Los gobiernos están integrados por personas y la repercusión de tus decisiones trasciende tu pequeño círculo.

El dinero que tú posees está mágicamente relacionado con el dinero que hay en todo el mundo. Si quemaras un billete, lo restarías de los fondos mundiales. Si no te dieras cuenta y perdieras uno o varios billetes, estarías ofendiendo a su poder —el trabajo del hombre, la habilidad del hombre, la riqueza–, al poder que lo creó. *En parte sería como escupirle a la cara a*

INTRODUCCIÓN

quien trabajó para crear esa determinada cantidad de riqueza. Sin embargo, cuando ahorras dinero en un banco, permites que ese dinero se le preste a alguien que vive en el otro extremo del mundo y así le otorgas el poder mágico de transformar vidas.

Cuando tratas al dinero con el respeto que se merece —como un verdadero poder mágico, o desde un punto de vista más elevado, como un poder espiritual—, incluso el hecho de *gastarlo* debe ser cuidadoso y realizarse con un propósito. Debes preocuparte por la calidad de lo que compras, a fin de que recibas «algo que realmente valga tu dinero», y adquieras cosas útiles y necesarias que en el transcurso de los años puedan aumentar su valor si se las trata con cuidado, o que te aporten algo realmente valioso por su utilidad o su belleza.

El modo en que gastas el dinero no solamente refleja y condiciona tu carácter y el de tu familia, sino que repercute en el sistema económico de todo el país, y por lo tanto, del mundo. Si gastas el dinero frívola y descuidadamente, contribuyes a la inflación y a crear una economía irreal. Tanto el ahorro como el gasto disciplinado contribuyen a la solidez de la economía e influyen en la manera en que los gobiernos administran el presupuesto. Si exigimos calidad en las cosas que compramos, pronto se verá reflejado en el esmero que pondrá los fabricantes en hacer esas cosas con calidad. De igual manera, el hecho de prestar atención a la calidad en el lugar de trabajo, se ve prontamente reflejado en el incremento de las ventas.

Como aprenderás con la lectura de este libro, el dinero no solamente puede *crecer*, sino que puede también *atraer* más dinero —como un imán atrae las limaduras de hierro—. Como sabes, una «cosa muerta» no puede ni crecer ni atraer nada. Únicamente algo que tiene Vida puede crecer y algo que tiene Energía puede atraer. El dinero esta cargado «mágica y espiritualmente» de Vida y de Energía por la propia naturaleza del sistema económico moderno, que transfiere riquezas a grandes distancias en segundos, que proporciona el mecanismo para que se puedan prestar los ahorros varias veces, que regula y vigila la banca y la bolsa de valores a fin de que sea posible comprar y vender los fondos de forma segura, que recompensa la previsión y la capacidad de invención y resguarda el sistema de libre mercado que valora los bienes de un modo realista. Pero no es la actividad de los bancos o de Hacienda lo que hace que el dinero se cargue con poderes mágicos. Eso, s*ólo los seres humanos pueden hacerlo.* Cuando concentramos nuestra voluntad y nuestro trabajo en conseguirlo e invertirlo y cuando lo usamos con sabiduría y creatividad, estamos haciendo exactamente eso.

El objetivo de este libro no es sólo enseñarte a ver el dinero como el poder mágico y espiritual que es, sino enseñarte a utilizar realmente la «magia» para Ganar Dinero Creativamente.

¡Magia! La magia es un acto de la voluntad, combinada con la visualización y el movimiento de ciertas fuerzas para conseguir un objetivo o una situación determinada.

Para ganar dinero creativamente utilizaremos la magia a fin de trabajar con fuerzas dinámicas. *Piensa que la Vida engendra a la Vida.* La «fertilidad» es inherente al mundo en que vivimos, un mundo que está estructurado de forma que lo que se «nutre», crece. La Fertilidad y el Crecimiento son equivalentes a las fuerzas cósmicas de la Prosperidad y la Multiplicación, fuerzas que fluyen y actúan por medio de circuitos y canales. Tal es el papel del mago –el tuyo–: ganar dinero creativamente y proporcionar canales adecuados para que las fuerzas cósmicas fluyan y actúen. Eres un instrumento del Plan Cósmico.

Ganar dinero no es algo material ni egoísta. *¡Nunca permitas que alguien te diga lo contrario!* En principio, el dinero es una creación espiritual. En esencia es la concretización del *prana* o Fuerza Vital. Si lo apreciamos desde otro punto de vista, veremos

INTRODUCCIÓN

que es algo más que simple riqueza material. Ahora bien, si lo analizamos con mayor profundidad, el dinero se eleva en la escala esotérica para actuar principalmente en el Plano Mental, bajo la dirección de la Voluntad Espiritual o el Plan Cósmico.

Al trabajar con los principios del programa para Ganar Dinero Creativamente te alías con las *Fuerzas de la Abundancia*, y así, *la Abundancia se extiende, para llegar cada vez a más personas*. La prosperidad se contagia como la felicidad: basta una sonrisa, una carcajada, para que el mundo entero se una. La prosperidad influye en la vida de las personas elevando su calidad de vida y aumentando sus oportunidades de alcanzar la dicha y la plenitud.

El dinero no es como el oro, que existe en cantidades limitadas. El hecho de que tú prosperes no significa que otra persona deba tener menos dinero, sino que generalmente es al contrario. Para simplificar, piensa una vez más en tu cuenta de ahorros. Ese dinero no está muerto, ni encerrado en una caja fuerte: se ha utilizado varias veces como préstamo para ayudar a financiar compras e inversiones que han proporcionado ganancias a otras personas.

La prosperidad no se limita a la «posesión de dinero», sino que se hace extensiva a una «vida más rica», en la que la riqueza no debe medirse simplemente por el efectivo de que dispongamos. De hecho, Ganar Dinero Creativamente es en sí un programa que promueve el crecimiento espiritual mediante una serie de disciplinas personales y ejercicios. Así, perfeccionarás tus poderes mentales y entrenarás tu voluntad. Es una especie de «yoga», un sistema de entrenamiento y de crecimiento. Ganar Dinero Creativamente es una *fuerza hacia el Bien,* no sólo en tu vida sino en todo el círculo del cual eres el centro y cuyo horizonte es ilimitado.

Carl Llewellyn Weschcke,
septiembre de 1990.

Esquema preliminar

Este libro te ayudará a ganar dinero, a mejorar tu vida y a acelerar tu desarrollo interior. Y te darás cuenta de cómo todas estas cosas trabajan conjuntamente.

Una preocupación vital del hombre: ganar dinero te ayudará a satisfacer el instinto natural y universal de expansión.

El programa para Ganar Dinero Creativamente te brinda lo que necesitas para superar las circunstancias adversas y progresar.

No importa quién seas ni las circunstancias que te rodean: ¡este programa te va a ayudar!

El Deseo y la Voluntad son cosas diferentes. *¿Deseas* más dinero? o *¿quieres* ganar dinero creativamente?

Tanto la Visión como la Imaginación son apoyos esenciales para desarrollar la fuerza de voluntad. «Observa» en tu interior qué es lo que quieres y ve por ello. ¡Tu visión también puede estimular a los demás!

Cuida estas facultades y dirígelas debidamente para no perder de vista las metas que persigues.

¿Tienes los bolsillos vacíos? Esto demuestra una imaginación indefensa y, frecuentemente, una esperanza equivocada de impresionar a los demás. ¡Hazte respetar por tu sano juicio!

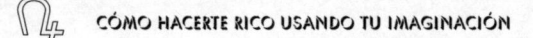

El Imán para atraer el dinero es un símbolo importante y una realidad esencial. ¡Tú mismo puedes ser un imán! El *Signo del Incremento* es importante.

Los semejantes se atraen, por lo que debes poner a trabajar las fuerzas de la Prosperidad y del Incremento para ti y dentro de ti.

EL EJERCICIO DEL SIGNO DEL INCREMENTO es fundamental para lograr el poder de ganar dinero. Sigue las instrucciones paso a paso.

Los beneficios de tus prácticas se manifestarán incluso antes de que empieces a construir los cimientos, pues tu nueva actitud ante la vida te proporcionará resultados inmediatos. Tu mayor respeto hacia el dinero atraerá hacia ti más dinero. ¡El imán funciona!

Todos pueden ganar dinero

El tema de este libro es cómo Ganar Dinero Creativamente. Te enseñará a ganar dinero sin hacerte avaro ni preocuparte (pues la preocupación nunca aporta nada positivo). Te enseñará cómo hacerte rico y mejorar al mismo tiempo tu vida, cómo obtener más intereses (en los dos sentidos de la palabra) y cómo lograr la verdadera felicidad. Te ayudará a perfeccionar tus facultades psíquicas y a incrementar tu evolución interior, y al mismo tiempo, quizás te motive a explorar y desarrollar algunos talentos artísticos, técnicos o sociales que posiblemente hayas descuidado.

Una preocupación vital

Seamos francos, ganar dinero es una preocupación normal y vital del ser humano civilizado. La expansión, el incremento, es el camino hacia delante. Algunos científicos afirman que el propio universo material se encuentra en expansión. Los animales siguen de forma inconsciente los esquemas naturales de crecimiento. Por ejemplo, de todas las bellotas que la ardilla entierra en el otoño, sólo las que olvida o las que le sobran al final de invierno se transformarán en árboles que darán abundantes bellotas para sus descendientes.

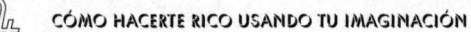

En épocas pasadas la humanidad también estuvo en una situación similar: sólo tenía que cultivar la natural generosidad de sus cosechas, rebaños y manadas, y (si lo permitían el hambre, las sequías y los terremotos) la abundancia estaba allí para que el hombre la disfrutara y sus hijos la siguieran cultivando. Esto lo podemos leer en todas las obras antiguas. Posteriormente, en obras no tan antiguas, aparece en escena el recaudador de impuestos y el cuadro empieza a cambiar.

No es necesario que repasemos aquí todas las etapas del proceso, pero el hecho es que en diferentes tiempos y lugares, la humanidad se fue organizando en sociedades más o menos civilizadas; los cultivos y los rebaños se tradujeron en términos monetarios; la cantidad de personas que vivían de la industria y del comercio fue cada vez mayor, y el dinero llegó a convertirse en el fluido vital de la comunidad.

El programa para Ganar Dinero Creativamente te da Alas

Pero basta ya de antecedentes. El hecho es que hemos heredado una situación muy compleja y sofisticada en la que la posesión de dinero nos posibilita vivir. En realidad, es nuestro *derecho* a vivir. Por otro lado, en el actual estado de cosas, es evidente que si queremos aumentar nuestra prosperidad no aspiraremos a avanzar un pequeño escalón: debemos elevarnos, por así decirlo, por una «escalera mecánica descendente».

Analicemos un poco más esta imagen. Así como físicamente necesitamos subir corriendo una escalera mecánica que desciende, de igual forma, en esta escalera metafórica, si hemos de ascender sin causarles daño a los nervios y al corazón, ¡es conveniente tener alas!

Los recursos materiales por sí solos no son suficientes. En lo referente a nuestra situación económica, este programa nos brinda las alas.

No importa quién seas

Desde el punto de vista de este programa, «tú» puedes ser cualquier persona. Quizás te encuentres al inicio de una carrera o en vías de retirarte, o tengas la esperanza de recibir una pensión que parecía buena hace unos años pero que ahora, lamentablemente, es muy escasa. O quizás te haya ido bien, hayas ahorrado e invertido, pero los tipos de interés no pueden contra la inflación y los impuestos, y no deseas quedarte sentado sin hacer nada, a observar el desgaste. O tal vez estés prosperando, pero todavía sientes que no es lo mejor que puedes hacer.

Es probable que hayas escogido este libro por leer algo, sin pensar realmente que este programa podría servirte. Sea como sea, en cualquiera de estos casos y en otros muchos, este programa es, sin duda, para ti. **Todo lo que necesitas es decidirte a ganar dinero.**

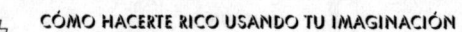

El deseo y la voluntad

En general, la mayoría de la gente *desea* tener más dinero del que tiene, pero *proponerse*, en sentido estricto, ganar dinero —es decir, verse a uno mismo ganando mucho dinero–, es otra cuestión.

Esto requiere una disposición mental tan RESUELTA como ATENTA, la cual quizá llegue de pronto y sea tuya de por vida, pero lo más probable es que debas ejercitarla hasta que se convierta en una forma natural de pensar y de sentir. En este libro encontrarás muchas cosas que te ayudarán a crear ese hábito, pero lo más importante es *la forma en que te ves a ti mismo*. Eres ya un ganador de dinero, y muy pronto serás un ganador de dinero creativo. ¡No lo olvides!

Visión e imaginación

Todo esto no significa que Ganar Dinero Creativamente se logre por medio de una fuerza de voluntad heroica. Nada creativo se obtiene de esta manera. La voluntad, por sí misma, no tiene poder para controlar los niveles creativos de la psique, aunque desde luego, usarás tu voluntad en varios de los pasos que te llevarán a la meta: para concentrarte nuevamente cuando tu atención se disperse, para dirigir la visualización hacia lo que te propones o para realizar un ejercicio de relajación, por ejemplo. No obstante, para ser perseverante y alcanzar el objetivo principal, Ganar Dinero Creativamente, utilizarás los poderes persuasivos de la VISIÓN y la IMAGINACIÓN, y muy pronto apenas serás consciente de la voluntad.

Imagina el primer viaje de Colón por el Atlántico. Se piensa y se escribe sobre él como si el intrépido navegante hubiera arrastrado a su tripulación a cruzar con él miles de kilómetros de agua jamás antes surcada por ninguna otra nave, con todos los peligros, penurias y sufrimientos de la hazaña, simplemente debido a su obstinada fuerza de voluntad.

De esa forma, ni siquiera hubiera logrado enrolar a la tripulación. Colón fue un hombre de una visión y de una imaginación inmensas, que tenía el poder de comunicar sus percepciones a los demás. Fueron esa visión y esa imaginación las que ganaron la voluntad de la reina de Castilla para que vendiera sus joyas, las que reunieron a la tripulación y las que llevaron la ardua empresa hasta su fin.

Fueron la visión y la imaginación de su alma las que mantuvieron su voluntad inquebrantable.

Resguárdalas

La visión y la imaginación, como verás claramente a medida que avances, son los «instrumentos» vitales y esenciales para Ganar Dinero Creativamente, y no puedes permitir que nadie los toque. Las falsas «razones» que te seducen a comprar este o aquel artículo innecesario, o a caer en esta o aquella trampa para turistas, se presentarán ante tu imaginación gráficamente. Tu tarea consistirá en borrar esas ideas y en sintonizar tu atención y tus sentimientos con el verdadero propósito y el verdadero objetivo. No como una renuncia, sino como el viajero que lanza una mirada rápida a la imagen interior de su anhelado destino.

De nuevo, en este libro encontrarás la ayuda necesaria para lograr ese rápido desvío de la imaginación, que es tu principal defensa contra todos los que quieran tentarte para que derroches tus preciosos recursos de dinero, tiempo o talento.

¿Tienes un agujero en los bolsillos?

Primeramente, si todavía no has adoptado la postura del ganador de dinero, tal vez debas reconsiderar algunas de tus actitudes mentales. Si aún no has aprendido a pensar en el dinero como algo que se puede y se debe cultivar, es probable que continúes pensando en él como algo que sólo sirve para gastar.

¿La noticia de una bonificación inesperada altera tu presupuesto? ¿Significa «cenemos esta noche fuera», o «ahora puedo hacerle un regalo sorpresa a Sonia»?

¡Cuidado! Si buscas favores cuando gastas o consideras que *gastar* es la reacción normal ante la presencia del *dinero*, estás muy equivocado. La idea: «el dinero es para gastarlo», ha arruinado no sólo a una cantidad innumerable de personas, sino también a dinastías, empresas, organizaciones, gobiernos e incluso imperios. La «gastomanía» es un mal despreciable, un **cáncer psíquico** que ha destruido poderosas fortunas. Si tienes malos ejemplos a tu alrededor, no te dejes engañar; no los sigas.

EN LUGAR DE ELLO, HAZTE RESPETAR

Gastar sin tener dinero no es inteligente ni divertido. Gánate el respeto por el juicio con que administras el dinero. De esta manera fortalecerás tu visión optimista de ti mismo y conseguirás otro beneficio: ello TE AYUDARÁ A ATRAER EL DINERO CON MÁS EFECTIVIDAD.

 NIVEL UNO

El imán

Atraer al dinero es una parte importante del programa para Ganar Dinero Creativamente. El dinero en sí atrae el dinero —esto es bien sabido—, y es posible lograr que lo haga con más potencia, si se trabaja en ello. *Pero también puedes atraer al dinero como si fueras un imán*, y deberías ejercitarte para lograrlo.

Observa este símbolo, es el *Signo del Incremento:*

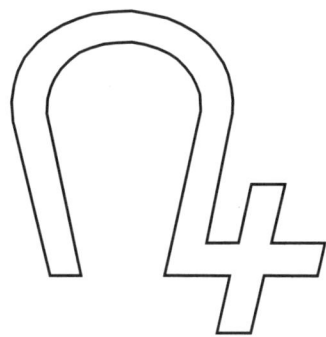

Muestra un imán junto al signo *más*, que indica Incremento. Conjuntamente, forma el símbolo astrológico y alquímico del planeta Júpiter y de las fuerzas asociadas a él, que dan PROSPERIDAD e INCREMENTO.

Por lo tanto, este símbolo representa la situación que queremos alcanzar y preservar —prosperidad e incremento— y también el medio —*el imán*— que vamos a utilizar de múltiples formas a fin de alcanzar nuestros objetivos.

Para empezar, observa este símbolo, memorízalo y piensa en él. Visualiza los poderes benéficos de la Prosperidad y del

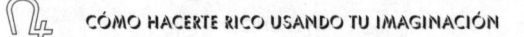

Incremento, esas grandes fuerzas cósmicas a las que puedes responder con calidez, esas fuerzas con las que puedes armonizar. Piensa en el signo *más*: suma, extensión, Incremento. Y piensa también en el imán.

Los semejantes se atraen

Como sabes, si deseas atraer pedazos de metal ferroso (acero o hierro) con un imán físico, éste tiene que estar hecho de metal ferroso. (De esta manera se magnetizan los pedazos de metal y éstos a su vez podrán atraer más.) El aluminio o la plata no pueden atraer el hierro o el acero. Por otra parte, las soluciones de algunos elementos químicos (como el tiosulfato de sodio) cristalizan rápidamente cuando se pone un cristal de su especie en ellas. Esto ocurre sólo si se trata de la misma sustancia; basta un minúsculo cristal de su clase que tenga la misma estructura molecular y cristalina, para que en el líquido empiecen a funcionar las misteriosas líneas de atracción que hacen que rápidamente se solidifique.

Lo mismo sucede con los seres vivos. Una cara feliz provoca la sonrisa en los demás. «Si quieres tener un amigo, debes ser un amigo», dice un proverbio. Los hombres de la Edad de Piedra probablemente vivieron en más estrecho contacto con el mundo natural que todos sus descendientes. Se cree que las pinturas rupestres comenzaron en un lugar de la pared o del techo donde alguna irregularidad sugería una forma –tal vez la cabeza de un animal– a la imaginación del artista. Una vez mejorada esa imagen (señalan los estudiosos del arte rupestre), se estimuló la propia creatividad y la de los demás, hasta pintar formas animadas en toda la cueva.

NIVEL UNO

Este principio se aplica a todo el mundo vivo, a cualquier nivel. Es sabido que para inducir a las gallinas a poner huevos en un lugar determinado, es necesario colocar un huevo falso en el nido donde se quiere que pongan.

Por lo tanto, necesitas un imán que te atraiga el dinero.

El primer paso es poner en funcionamiento las fuerzas apropiadas en un nivel elevado. Por lo tanto, cuando hayas observado varias veces el Signo del Incremento y hayas reflexionado sobre su significado, tienes que hacerlo tuyo mediante el siguiente procedimiento.

EJERCICIO DEL SIGNO DEL INCREMENTO

Ponte de pie en un lugar donde puedas estar solo y en silencio durante un rato.

Cierra los ojos y borra todos los pensamientos y todas las preocupaciones de la mente. (Éste es un requisito importante para el trabajo creativo. Independientemente de la presión a que estés sometido en tu actividad diaria y de tus preocupaciones personales, créate el hábito de relajarte con frecuencia, «dejándote ir» a fin de encontrar la paz en tu ser interior, aunque sólo sea durante unos momentos. ¡Te puede salvar la vida!)

1. Visualízate rodeado de un aura de luz dorada brillante. *(No es necesario que la veas como si la percibieras con los ojos físicos, pero sí debes distinguir con claridad su forma, su color e intensidad.)*
2. Ahora, dentro de esta aura dorada, con el dedo índice de la mano derecha dibuja sobre tu frente el Signo del Incremento.

CÓMO HACERTE RICO USANDO TU IMAGINACIÓN

(Dibújalo de un trazo, moviendo el dedo de izquierda a derecha, primero el imán y la línea horizontal del signo más y luego la línea vertical del signo más.)

3. «Siente» el Signo del Incremento en tu frente. Como si presionara suave y agradablemente sobre ella. Ahora visualiza que irradia un brillo de luz blanca.
4. Continúa siendo consciente del aura dorada y del signo brillante en la frente. La luz del aura es cálida y llena de vida; la del Signo del Incremento, es fría y estática.
5. Reflexiona sobre el significado del Signo del Incremento y luego repite en voz alta siendo consciente de las palabras que pronuncias:

PROSPERIDAD. INCREMENTO.

YO SOY UN IMÁN.

MÍO ES EL PODER CREADOR

DE LA ABUNDANCIA.

6. Siendo todavía consciente del aura dorada y del Signo del Incremento, visualiza que crece y se vuelve cada vez más grande. Rodeado de la poderosa aura dorada, con el deslumbrante Signo del Incremento en la frente, di:

PROSPERIDAD. INCREMENTO.

YO SOY EL IMÁN DE LA BUENA FORTUNA.

YO SOY UNO CON LAS FUERZAS

DE LA ABUNDANCIA.

7. Disfruta de conocimiento interior de paz, poder y potencial psíquico que ahora está a tu alcance tanto como desees. Luego, deja que el aura dorada y el Signo del Incremento se desvanezcan de tu consciencia y abre los ojos.

Beneficios del ejercicio

Practica diariamente el ejercicio del Signo del Incremento, en el momento que creas más conveniente. No te llevará mucho tiempo, en especial cuando lo puedas hacer de memoria. Es un ejercicio fácil y, para ayudarte a hacerlo, en las páginas siguientes te proporcionamos un resumen de los pasos esenciales.

Incluso antes de que empieces con el programa para Ganar Dinero Creativamente, el ejercicio del Signo del Incremento te beneficiará. Posteriormente, cuando logres que los diversos niveles del programa funcionen en armonía, los beneficios aumentarán. Al principio, los poderes del Incremento no tendrán nada en lo que «enraizarse» salvo tu constitución física y afectiva; pese a ello, es probable que empieces a advertir en ti –y quizá también en los acontecimientos externos– algunos de los efectos de tu nueva actitud hacia la vida.

En caso de que ya seas muy próspero, es bueno detener cualquier acto inútil de derroche y dilapidación. Ahora te resultará más fácil contenerte.

¿Por qué?

Debido a que la mayor parte de las personas que se sienten impulsadas a tener determinados lujos inútiles en su vida lo hacen *para aumentar la confianza en sí mismas*. (Tal vez hayas notado que algunas personas, cuanto más preocupadas están por los asuntos económicos, más derrochan.)

Por el momento, con la ayuda del ejercicio del Signo del Incremento –fundamento de las demás técnicas incluidas este libro– estás adquiriendo *verdadera* confianza en ti mismo y no necesitarás reforzarla con justificaciones. Serás cuidadoso con el dinero, como lo es cualquier persona responsable.

Este programa tiene también otro aspecto muy positivo.

Tan pronto como trates al dinero con cuidado, recibirás más.

Ésta es una de las bases fundamentales para Ganar Dinero Creativamente:

EL DINERO ATRAE AL DINERO.

Probablemente al principio quizás aparezca en pequeñas cantidades, es cierto. No te *preocupes* por el dinero, pero propónte actuar bien. Cultiva el dinero y obtendrás más.

El **imán** está comenzando a funcionar, según las fuerzas cósmicas y extremadamente poderosas de la **Prosperidad** y el **Incremento**.

Puntos de acción

DECÍDETE a convertirte en Ganador Creativo de Dinero. Pon ATENCIÓN a todo lo que pueda ayudarte a lograr este objetivo. Concentra las facultades de VISIÓN e IMAGINACIÓN en Ganar Dinero Creativamente y ellas conservarán inmutable tu VOLUNTAD.

Si de pronto algo te lleva a malgastar el dinero, el tiempo o el talento, reconduce inmediatamente tu IMAGINACIÓN a sus verdaderos objetivos. Piensa en ellos y no titubees.

Adopta la postura del ganador de dinero creativo. EL DINERO NO ES SIMPLEMENTE ALGO PARA GASTAR. Cuídalo y crecerá.

Conviértete en un Imán que atraiga el Dinero. Visualiza el SIGNO DEL INCREMENTO, reflexiona sobre él y sus significados: el Imán, el Signo Más, todo el conjunto como símbolo de la abundancia de Júpiter.

Piensa en el principio de que LOS SEMEJANTES SE ATRAEN. El lugar donde se obtienen los mejores cultivos es el suelo más rico. Un gran líder forma un buen equipo. Los hombres felices irradian felicidad y las buenas noticias son un tónico.

Practica diariamente el EJERCICIO DEL SIGNO DEL INCREMENTO.

Es la columna vertebral de tu trabajo en el programa para Ganar Dinero Creativamente. Con el fin de ayudarte a dominar este ejercicio rápidamente y con facilidad, aquí tienes un resumen:

1. Envuélvete en un aura de luz dorada.
2. Dibuja el Signo del Incremento en tu frente.
3. «Siente» el Signo del Incremento en la frente, y después, «visualízalo» como una brillante luz blanca.
4. No pierdas consciencia de la luz cálida y llena de vida del aura dorada ni de la luz fría e inmóvil del Signo del Incremento.
5. Reflexiona sobre el significado del Signo del Incremento y luego repite:

> PROSPERIDAD. INCREMENTO.
> YO SOY UN IMÁN.
> MÍO ES EL PODER CREADOR
> DE LA ABUNDANCIA.

6. Sin dejar de pensar en el aura y el Signo, visualízate creciendo (en estatura) y convirtiéndote en un ser inmenso. Di:

> PROSPERIDAD. INCREMENTO.
> YO SOY EL IMÁN DE LA BUENA FORTUNA.
> YO SOY UNO CON LAS FUERZAS
> DE LA ABUNDANCIA.

7. Goza internamente de la vivencia de estas palabras y luego permite que el aura y el Signo del Incremento se borre de tu consciencia.

NIVEL UNO

Diariamente, nota la importancia de OBSERVAR tus progresos en Ganar Dinero Creativamente: cantidades de dinero que recibes, incrementos en los ahorros, resistencia al derroche inútil... Nota todo eso, ¡y siéntete estimulado para hacer nuevos esfuerzos!

En ocasiones encontrarás en este libro un recordatorio para relajarte. Es necesario que en ese momento te deshagas de cualquier pensamiento o sentimiento que te preocupe para poder concentrarte en lo que vas a hacer. Sin embargo, debes decidir *cómo* relajarte. Si desde un principio estás completamente relajado, sigue tal cual. Si no, cierra los ojos, respira profundamente y relájate. Así también está bien. Pero, cuando sientas la necesidad de distanciarte aún más de las circunstancias, puedes utilizar la siguiente técnica de relajación.

Si lo deseas, escucha música o una cinta con sonidos de la naturaleza que te resulte relajante. Si consideras útil crear un ambiente de tranquilidad, enciende uno de tus inciensos favoritos.

1. Acuéstate boca arriba sobre una alfombra, una colchoneta para ejercicios o un colchón duro. Acerca el mentón un poco hacia el pecho para que puedas descansar sobre el cuello.
2. Cierra los ojos.
3. Respira varias veces profundamente, de forma pausada, hasta que te encuentres cómodo en esa postura. Durante todo el ejercicio de relajación respira profunda y rítmicamente, como si estuvieras dormido.
4. Empezando por los dedos de los pies, flexiona y relaja los músculos de cada parte del cuerpo, uno por uno: los dedos de los pies, los pies, las pantorrillas, los muslos, las caderas, las nalgas, el abdomen, el pecho, los hombros, los brazos, las manos, el cuello, la cabeza y el rostro.

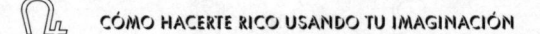

5. En caso de que durante la relajación tus pensamientos se desvíen hacia otros asuntos, vuelve a concentrar tu atención en los sencillos ejercicios físicos que estás realizando con suavidad. Cuanta más atención pongas, mejor te relajarás.
6. Cuando hayas relajado la cabeza y el rostro, concentra de nuevo tu atención en los dedos del pie. Revisa cada parte del cuerpo otra vez con el fin de cerciorarte de que estás completamente relajado.
7. Al terminar, mantén la misma respiración profunda y uniforme. Puedes permanecer en esa postura todo el tiempo que desees.

No necesitas pasar por una crisis para practicar esta técnica extremadamente útil.

Quizás necesites hacer algunas modificaciones a esta postura. Probablemente descubras que en realidad necesitas tener la cabeza un poco alzada con una almohada, o quizás prefieras levantar los pies. Es aconsejable que los cambios sean ligeros. Tal vez quieras poner algo para que los pies no caigan hacia afuera formando una «V», lo cual resulta incómodo cuando relajas las piernas.

Quizás el ejercicio te satisfaga tal como es y no necesites ningún cambio.

Cuanto más practiques, más fácil te resultará todo.

De hecho, ¡te convertirás en una persona más relajada!

Esquema preliminar

El Ahorro Positivo es la columna vertebral para ganar dinero. Incita el deseo de ahorrar más y te ayuda a ejercitarte en Ganar Dinero Creativamente.

El Principio del Incremento funcionará cuando lo practiques de manera positiva. Ahorra lo que te sea posible, pero ahorra. Toma consciencia de que *las ganancias atraen a las ganancias*, sintoniza con el Incremento e intensifica el funcionamiento del principio bendiciendo lo que ahorras.

ACTIVAR LAS GANANCIAS: Es un ejercicio simple, pero dinámico para multiplicar los ahorros.

Un obstáculo interpersonal. ¿Cómo crees que reaccionarán las personas que te rodean ante tus nuevos hábitos? ¿Cómo responderás a tales actitudes?

El ahorro positivo ayuda a Vivir Positivamente. Elegir cuidadosamente qué gastarás y cómo te ayudará a descubrirte a ti mismo, mientras que ahorrar pequeñas cantidades constantemente fortalecerá tu carácter.

¿Cuánto? Tú, como individuo o pareja, o quizás como miembro de un grupo más grande, debes decidir qué cantidad razonable ahorrarás de forma periódica.

El problema del ahorrador acaudalado. ¿Has perdido la motivación para ahorrar? ¡Goza observando el Incremento!

El problema del que recibe una cantidad considerable. Si no tienes el hábito del ahorro, ¿cuánto recortarás a la cantidad que vas a ahorrar?

La solución al problema no la encontrarás en el mundo exterior, donde la voluntad de ahorrar tal vez deba enfrentarse a una verdadera oposición, sino internamente.

Por lo tanto, empieza contigo mismo. Utiliza la Secuencia de la Motivación que presentamos aquí. Observa cómo tu imaginación puede ser tu poderosa aliada o puede convertirte en una persona vulnerable; por lo tanto, dirígela para que guíe tus pensamientos.

¿Quién eres? ¿Te han etiquetado como derrochador inútil? ¡Libérate... ahora sabes Ganar Dinero Creativamente!

Refuerza tus defensas contra las influencias que te llevarían a pensar y a sentir (y gastar) contra tus verdaderos intereses.

El ahorro positivo

Ahorrar no solamente es básico para ganar dinero: es la columna vertebral. Es verdad que un dólar ahorrado es un dólar ganado, pero existe el hecho, menos evidente pero más fundamental, de que el hábito de ahorrar estimula el apetito de ahorrar más. Te ayuda a adquirir la actitud mental del Ganador Creativo de Dinero.

El principio del Incremento

De nuevo se observa la validez del principio básico: el Incremento produce Incremento. Ahorra una determinada cantidad de dinero cada mes. Tómalo en serio, pero sé realista en cuanto a lo que puedes ahorrar. Apartar una cantidad para después utilizarla una semana después es un mal hábito: es malo para el espíritu y crea un ambiente de inestabilidad. Toma una decisión razonable respecto a cuánto puedes ahorrar y luego mantente firme, pero agrega también a tus ahorros, sin falta, cualquier cantidad de dinero extra que te llegue, a menos que la necesites para un buen propósito.

En el momento en que tengas algo más que agregar a tus ahorros, especialmente cuando se trate de un ingreso extra o inesperado, es bueno demostrar tu unión con las Fuerzas Cósmicas de la Abundancia y bendecir –«fertilizar»– los billetes, los cheques o lo que fuere mediante el siguiente método.

ACTIVAR LAS GANANCIAS

1. Pon el dinero o el cheque en la mesa.
2. Pon las manos sobre él y repite:

> DOY LA BIENVENIDA A ESTE INCREMENTO
> Y LE DEDICO A LAS FUERZAS CÓSMICAS
> DE LA ABUNDANCIA.
> ¡QUE PROSPERE!

3. De pie frente a la mesa, realiza el ejercicio del Signo del Incremento. *Hazlo aunque lo hayas realizado ya ese mismo día.*
4. Al finalizar el ejercicio, dibuja con la mano derecha un círculo en sentido horizontal alrededor del dinero o del cheque, a unos centímetros de la mesa, iniciando y finalizando en el punto más cercano a ti. Después, también con la mano derecha, dibuja el Signo del Incremento en sentido horizontal sobre el dinero o el cheque.
5. Posteriormente pon las palmas de las manos hacia abajo sobre el dinero o el cheque y visualiza el Signo del Incremento en tu frente, brillante y rodeado por un halo de luz dorada. En esta posición, consciente del Signo y del haz de luz dorada que te rodea, di:

INGRESO ESTE INCREMENTO EN MIS FONDOS
PARA QUE CREZCA Y ATRAIGA MÁS
PARA QUE FLOREZCA PODEROSAMENTE
¡BENDECIDO POR LA PROSPERIDAD DIVINA!

6. Deja que el Signo del Incremento desaparezca de tu consciencia y deja caer los brazos a ambos lados del cuerpo.
7. En este momento, visualiza a tu manera que este Incremento crece y atrae más dinero. Puedes imaginar la cifra con números brillantes, como si estuviera en la pantalla de un ordenador, y luego visualiza cómo los números cambian cuando aumenta la cantidad. O quizás imagines un montón de billetes rodeados por una cerca y más billetes que vuelan, arrastrados por el viento, y que se depositan sobre el montón protegido por la cerca.
8. Visualiza esta imagen durante un rato; después, deja que desaparezca de tu consciencia y di:

ASÍ ES.
ASÍ SERÁ.
PROSPERIDAD E INCREMENTO.

Un obstáculo interpersonal

Al transformarte en Ahorrador Positivo y en Ganador Creativo de Dinero, cambiarás en mayor o menor grado. Esto es, de hecho, lo que te propones.

No habrá ningún cambio en tus conceptos u opiniones políticas, religiosas o de otra especie; no hay razón para que esto suceda. Quizás cambies tu actitud hacia algunas de las cosas materiales de la vida. Probablemente –y con toda razón– adquieras una opinión de ti mismo más elevada y positiva. Por otro lado, quizás mejore tu salud.

Si vives en pareja y tu compañero o compañera y tú estáis de acuerdo en cuanto a los beneficios del programa del Ahorro Positivo, no habrá ningún problema a la hora de asimilar los cambios que ello supone y, en realidad, tu pareja será una fuerza muy poderosa a todos los niveles.

Sin embargo, en ciertas ocasiones este propósito no existe inmediatamente en la otra persona. Es imposible establecer reglas sobre cómo manejar una situación de ese tipo, pero en caso de que tuvieras que hacerlo, tu mayor firmeza y optimismo, tu tranquila persistencia y tu adhesión total y completa al programa creativo constituyen la mayor esperanza de obtener una buena solución.

¡No te rindas de ninguna manera! Tampoco seas enérgico ni fanático con este programa; estas atribuciones no van en consonancia con el Camino de la Creatividad.

Recuerda que probablemente a mucha gente, no sólo a la propia pareja, sino también a amistades, compañeros de trabajo y aun a conocidos, les cause un gran disgusto ver a alguien cambiar la manera de ser que tenía cuando lo conocieron. Dejar de fumar, iniciar una dieta o incluso cambiar de peinado frecuentemente hará emerger una ola de protestas. Esto se aprecia en cualquier lugar.

¿Por qué reaccionan así?

Sólo porque sienten miedo. Las personas diferentes (las que desean mejorar su salud o quieren probar a cambiar de imagen y los que Ganan Dinero Creativamente como tú) tienen una perspectiva de la vida progresista y contemporánea. Esas personas entienden que la vida consiste en progresar, negociar, adelantar. Sin embargo, los que temen, adoptan una visión conservadora de la vida, inquebrantable. Desean que todo se mantenga como es, lo que resulta a todas luces imposible. Hacen todo lo posible por impedir que las personas de su entorno cambien.

Si los demás advierten que están cambiando algunas de tus costumbres e intentan engañarte, gritarte o convencerte para que renuncies, no te enfades ni disientas con ellos.

¡PERO NUNCA RETROCEDAS!

El Ahorro Positivo ayuda a crear una Vida Positiva

El Ahorro Positivo, además de ayudarte a ahorrar, te alienta a decidir cuánto vas a gastar. Otra ventaja importante es que tendrás una perspectiva cada vez más realista y clara que te permitirá saber *en qué* deseas gastar el dinero.

Toda persona debería tener la capacidad de ahorrar una cantidad de dinero, por escasa que ésta sea, en forma de ahorro a largo plazo. Si realmente no puedes, trata de encontrar una fuente de ingresos complementaria –por pequeña que sea– que puedas destinar a ese fin.

La trampa está en el concepto erróneo de que «no vale la pena» ahorrar una cantidad de dinero tan pequeña.

VALE LA PENA ahorrar reducidas cantidades de dinero, pues:

* **Se suman y se transforman en grandes cantidades.**
* **Elevan tu estado de ánimo. Eres *ahorrador.***
* **Te brindan oportunidades especiales de invocar a los Poderes del Incremento, activando así tus *Ganancias.***

Aparte de estos puntos, algunas personas tienen el mal hábito de calificar de «cantidades pequeñas» a lo que son en realidad grandes cantidades. Para protegerte de ello, «cuidar el centavo» es un buen ejercicio.

¿Cuánto?

En Suiza, que no es un país muy grande y que es muy cuidadoso con el dinero, una gran parte de la población tiene el hábito de depositar un tercio de todo el dinero que reciben en una cuenta de ahorros a plazo fijo. En los Estados Unidos se consideraría correcto ahorrar una décima parte del dinero ganado. No obstante, las circunstancias familiares e individuales modifican en cada caso lo que es posible y lo que se desea, y es imposible elaborar un modelo de presupuesto que sea satisfactorio para todos.

En el caso de que vivas solo y aspires a convertirte en un «ahorrador estricto», no hay nada que te lo impida. Sin embargo, una persona que vive sola quizá reciba golpes tan duros de la vida que es posible que el ahorro estricto tenga un valor especial para él. Esté donde esté y quienquiera que sea, no tiene ningún derecho a poner en peligro su salud por no proporcionarse comida, vestimenta y calefacción suficiente. Tampoco este extremo se encuentra en armonía con los principios de la creatividad. De hecho, una persona puede a menudo vivir de manera saludable y feliz con un presupuesto que sorprendería a sus vecinos.

Si tienes una familia o pareja, la situación es más complicada. No cabe duda alguna de que te beneficias por pertenecer a una unidad más grande, por cuanto participas en los gastos del cuidado de la familia, el presupuesto para la alimentación, los servicios públicos y demás. De hecho, quizás haya ámbitos donde realmente puedas ahorrar sin causar perjuicio a nadie. Puedes progresar aun cuando tengas restringido el ahorro al apartado de los gastos personales.

Si tienes pareja, los dos debéis reflexionar seriamente sobre el ahorro. Tenéis que ser muy sinceros el uno con el otro y ello te ayudará a serlo contigo mismo. Nadie puede quitar la alegría a la vida de otra persona, pero al mismo tiempo, no debes dar a tu pareja el «placer» de regalarte algo que en realidad no quieres, cuando ambos preferiríais ahorrar ese dinero.

Quizás también sea una buena oportunidad para pensar en otras actividades. Los placeres y las diversiones diarias han restado creatividad a las vidas de muchas personas sin ser, tal vez, agradables o divertidos. Si tienes tiempo para desarrollar un trabajo manual o una habilidad que te atraiga, tal vez encuentres un nuevo modo de ahorrar dinero (como, por ejemplo, hacer arreglos en la casa) o, quién sabe, tal vez de ganar dinero mediante de una actividad lucrativa que te guste.

El problema del ahorrador acaudalado

La prosperidad es una cualidad muy favorable para obtener beneficios. Muchas son sus ventajas, pero tiene una desventaja notable: *puede reducir la propia motivación para ahorrar.*

No tiene por qué ser así. Apreciar el desarrollo constante y significativo del capital propio puede ser, en sí, una nueva motivación, un incentivo para realizar un mayor impulso.

Ésta es la solución: centrarse en el progreso. Si en lugar de ello vemos los catálogos, escuchamos las propuestas de las agencias inmobiliarias y nos fijamos en los nuevos modelos de automóviles, estaremos tentados a decir con excesiva facilidad: «¿Sabes?, ahora podemos permitirnos el lujo de comprar...»

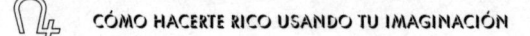

Ya no decimos «*necesitamos...*» o «*podríamos elevar nuestro nivel de vida de este u otro modo...*», sino solamente «*podríamos permitirnos el lujo de comprar...*». A medida que incrementes tu capital podrás *permitirte adquirir* más cosas que antes te parecían inalcanzables pero que en realidad no necesitas y no deseas.

El problema del que recibe una cantidad considerable

Si de pronto obtienes por casualidad una cantidad de dinero que supera tus ahorros normales, ¿qué haces con ella? Quizá sea una compensación inesperada que concluirá naturalmente en la cuenta de ahorro, o una cantidad más imprevista, como por ejemplo una herencia, que tal vez quieras invertir.

De cualquier manera, existe la probabilidad de que no llegue a su destino entera e intacta.

En estos supuestos, el peligro no consiste tanto en los catálogos o en la publicidad comercial, sino en que *el dinero en sí es la tentación*. Decides dividir una parte y luego buscas en qué gastarlo. Es posible que lo que hayas decidido adquirir tenga un valor mayor a lo que tenías pensado gastar, y entonces coges un poco más de dinero.

Ahora bien, destinar parte de un ingreso inesperado *a satisfacer una necesidad existente* es razonable; no obstante, esto es muy distinto a sucumbir a la seducción de «gastar porque sí». El asunto requiere decisiones responsables. Quienes trabajan para sí mismos y todos aquellos cuyos ingresos puedan ser de esta índole, deberán tener mucho cuidado con esto.

NIVEL DOS

Solución

Para casi todos, el sendero del Ahorro Positivo está lleno de barreras, algunas incidentales, otras puestas a propósito por personas que confían en obtener un beneficio de tu debilidad. En todos estos casos, la solución no se encuentra en el mundo externo sino dentro de uno mismo.

Empieza por ti mismo

Ya conoces la importancia de la Visión y la Imaginación. Ahora puedes analizar con mayor detenimiento los procesos internos de la imaginación, puesto que la manera en que la utilizas es *un importante factor de control* del modo en que ahorras o gastas.

ASÍ COMO LA IMAGINACIÓN PUEDE DIRIGIR TUS EMOCIONES, TUS EMOCIONES PUEDEN DIRIGIR TUS PENSAMIENTOS Y TUS ACTOS.

Tal vez te parezca esto un hecho sorprendente, pero puedes beneficiarte de él.

Al principio, quizás sientas que no se hace justicia a tu capacidad de razonamiento. Desde luego, no todos tus pensamientos y tus actos se deben a tu imaginación. Un anuncio seductor no te lleva inmediatamente a comprar determinada pizza ni a reservar un billete en determinada compañía aérea, pero puede hacerte razonar sobre la cosa anunciada con un nivel de atención que bien puede influir en tu decisión cuando llegue el momento de decidir. Esto puede ser útil. Gran parte de nuestro razonamiento acerca de los asuntos cotidianos proviene de la publicidad.

Es relevante, sin embargo, que *conozcas* el proceso de estimulación:

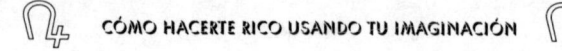

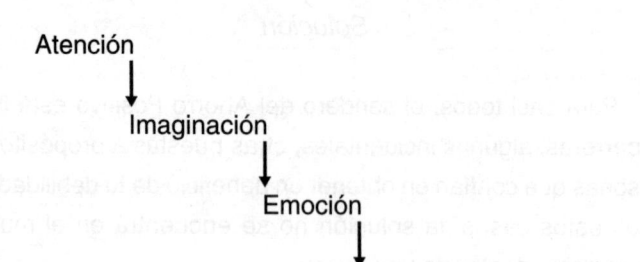

Atención
↓
Imaginación
↓
Emoción
↓
Pensamiento o acción

En primera instancia, conocer este proceso te permitirá evitar que te induzcan a hacer algo que no pensabas hacer o a gastar un dinero que de otro modo no hubieras desembolsado.

Sin embargo, tu conocimiento del proceso de la motivación te otorga una ventaja mayor, un beneficio mucho más positivo.

Puedes utilizar este conocimiento para programar tu vida y tus actos; esto se ve, por ejemplo, en la cuestión de la propia imagen.

¿Quién eres tú?

Tanto si te ves a ti mismo antes que nada como propietario de un vehículo, ama de casa, amante de los perros, músico, hombre de negocios o aficionado a los deportes, sabrás que existen demasiados objetos, muchos de ellos pobremente diseñados, infantiles o demasiado caros, que se te ofrecen «especialmente para ti», para que los lleves, los bebas, los tengas en tu despacho, en tu coche, o para que los pongas en tu casa a fin de que acumulen polvo.

Esta clase de objetos son una tentación para muchas personas que los adquieren a menudo llevados por un impulso, y no por su atractivo intrínseco, ya que estas cosas les hacen sentirse «miembros del club», les hacen sentirse un tipo especial de personas.

Bien, si este ejemplo es válido para ti, puedes defenderte de esta actitud recordándote que, independientemente de los otros intereses que tengas, ahora también perteneces a otro «club»: eres un *Ganador de Dinero Creativo*.

Refuerza tus defensas

Realiza el ejercicio del Signo del Incremento con frecuencia, y cuando vayas a visitar tiendas o estés a punto de examinar un catálogo, imagina el Signo del Incremento con su luz dorada en tu frente. Dite a ti mismo:

SOY UN GANADOR CREATIVO DE DINERO.
GANO DINERO CON CREATIVIDAD.
SOY UN AHORRADOR POSITIVO.

Usa los poderes de la Visión y la Imaginación para avanzar hacia tu objetivo real. ¡No permitas que otros te hagan ver y sentir lo que *ellos* quieren!

NIVEL DOS

Puntos de acción

AHORRA para reunir fondos que te serán útiles. AHORRA y fomenta el deseo de ahorrar más. AHORRA y empieza a sentirte como un Ganador Creativo de Dinero.

Ahorra cada mes una cantidad y ponla en una cuenta de ahorros a plazo fijo. Sé realista en relación con lo que puedes ahorrar, pero adquiere el hábito de ahorrar.

Estos ahorros formarán la base de tu trabajo de acuerdo con el principio *el incremento produce incremento*.

«FERTILIZA» cada cantidad adicional que añadas a tus ahorros –ahorros habituales o extraordinarios, ya sean sumas pequeñas o grandes– con la fórmula ya mencionada para *Activar las Ganancias*. A continuación te presentamos un resumen:

1. Pon el dinero encima de una mesa.
2. Pon las manos sobre él y di:

> DOY LA BIENVENIDA A ESTE INCREMENTO
> Y SE LO DEDICO A LAS FUERZAS CÓSMICAS
> DE LA ABUNDANCIA. ¡QUE PROSPERE!

3. Realiza el ejercicio del Signo del Incremento.
4. Dibuja un círculo alrededor del dinero, y sobre él, el Signo del Incremento.
5. Sin retirar las manos del dinero, visualiza el Signo del Incremento en tu frente y proclama:

> INGRESO ESTE INCREMENTO EN MIS FONDOS
> PARA QUE CREZCA Y ATRAIGA MÁS,
> PARA QUE FLOREZCA PODEROSAMENTE
> ¡BENDECIDO POR LA PROSPERIDAD DIVINA!

6. Deja que el Signo del Incremento desaparezca de tu consciencia y deja caer los brazos a ambos lados del cuerpo.
7. *Visualiza* ahora, a tu manera, cómo crece ese Incremento y atrae más dinero. ¡Velo como te sea más fácil!
8. Mantén esa imagen unos instantes; luego, deja que desaparezca y di:

> ASÍ ES.
> ASÍ SERÁ.
> PROSPERIDAD E INCREMENTO.

Al convertirte en Ahorrador Positivo y en Ganador Creativo de Dinero, en cierta forma cambiarás poco a poco. Serás más cuidadoso con el dinero, estarás más orgulloso de tu propia imagen ¡e incluso es probable que cuides más tu salud!

Si vives en pareja, propónte hacer todo el programa para los dos. Juntos formaréis un gran equipo para Ganar Dinero Creativamente. Sin embargo, sigue adelante aunque tu compañero o compañera no comparta estas ideas. (Mantén la esperanza de formar una sociedad con tu pareja para ganar dinero. No discutas con ella ni la sermonees; persiste por ti mismo. Es probable que el ejemplo del Ahorro Positivo y las ganancias obtenidas creativamente logren convencer a la otra persona de un modo mucho más efectivo que las simples palabras.)

Si otros intentan frenar tu desarrollo o intentan evitar que cambies tus costumbres, no se lo tomes como algo personal. Su motivación es diferente a la tuya, de modo que continúa con tranquilidad con tu proyecto PERO NUNCA RETROCEDAS.

Sé cuidadoso tanto con las cantidades reducidas como con las grandes, y ACTIVA una cantidad pequeña con tanta fe como lo harías con una cantidad considerable. ¡Es otra gran oportunidad de poner en práctica ese poderoso ejercicio!

¡EL AHORRO POSITIVO SUPONE TAMBIÉN GASTAR DE MANERA POSITIVA! Elige con cuidado cuánto gastarás y qué adquirirás con ese capital: así parecerás una persona más fuerte y más integra. Es mejor gastar dinero en una actividad o labor manual que malgastarlo en «diversiones» fútiles (y a menudo fastidiosas).

Por más adinerado que seas, deberías gozar siempre del incremento de tu capital. Esto te protegerá de cualquier sentimiento del tipo de: «no necesito ahorrar en este momento». *Cuanto más dinero tengas, más senderos se te abrirán para que el capital siga incrementándose.* PROPÓNTELO; ¡es un reto inagotable!

En caso de que tus ingresos sean grandes y espaciados, calcula cuánto necesitarás para vivir, y sé firme en ahorrar el resto. ¡No busques cosas para comprar simplemente porque tienes dinero!

¿Alguna vez has analizado cómo piensas? ¿Qué te impulsa a tomar un determinado camino? Busca ejemplos en tu experiencia: algo llama tu ATENCIÓN, la IMAGINACIÓN entra en juego y se genera una EMOCIÓN; todo esto prepara la escena para tu posible PENSAMIENTO y tu ACCIÓN.

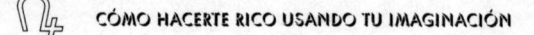

Date cuenta de que este proceso es *bastante natural*. Después de todo, ¡no podrías pensar (ni actuar) en nada que no hubieras observado antes! Y no pensarías ni actuarías si la posibilidad de alguna manera no te motivara.

No obstante, date cuenta también de que esta secuencia de motivación podría dirigirse *desde fuera*; por ello, ¡DECÍDETE a mantener el control de tus motivaciones!

¡Persiste en la práctica frecuente del ejercicio del Signo del Incremento! En las situaciones difíciles, visualiza el Signo del Incremento brillando en tu frente. Utiliza la VISIÓN y la IMAGINACIÓN para avanzar hacia tu verdadero objetivo.

NIVEL TRES

Esquema preliminar

Este nivel de poder te ofrece el primer paso importante que trasciende los elementos básicos del Ahorro Positivo y la Ganancia Creativa: es un accesorio verdaderamente precioso y vital, un aliado constante.

Puedes **acelerar tu progreso** logrando «conectar a tierra» el flujo de las corrientes de Incremento, y fortaleciendo también tu decisión de ahorrar y de ganar dinero.

Lo que necesitas es el **Talismán del Incremento** para mejorar el rendimiento de estos dos métodos. Haz el talismán, llévalo y úsalo: te ayudará en todo momento y con mucha eficacia, tanto en el mundo exterior como en el interior.

Hacer el talismán es muy fácil; puedes hacerlo incluso en un pedazo de cartón. Lo que importa es lo que dibujes y escribas en él.

Al **activar el talismán** conviertes tu obra en un verdadero talismán de poder, y lo haces realmente tuyo. Otra persona puede hacer el talismán por ti si así lo deseas, pero tú eres quien debe activarlo. En este capítulo se te muestra cómo hacerlo.

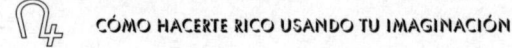

El Talismán del Incremento será para ti un **compañero fiel**, poderoso y dispuesto a ayudarte a todos los niveles. ¡Llévalo en todo momento!

En este capítulo te presentamos varias **formas especiales de usar el talismán** a fin de mostrarte las variadas situaciones en las que te servirá de ayuda. Además de su constante labor atrayendo oportunidades hacia ti, el talismán te protegerá cuando otras personas, cosas o incluso tus propios sentimientos amenacen tus *ahorros,* tu *presupuesto* o tus *ingresos.* Podrás cooperar activamente con su poder cuando estés solo, en silencio y en calma. También puedes invocar su ayuda en público, cuando estés en una tienda por ejemplo. Si lo pones debajo de tu almohada, el talismán guiará tus pensamientos nocturnos. Y también durante el día puede ser el punto focal de tus momentos de reflexión. *¡Disfruta tu talismán!*

NIVEL TRES
Conectar a tierra

Los ejercicios presentados hasta el momento constituyen la base de toda tu tarea como Ahorrador Positivo y Ganador Creativo de Dinero. Otros ejercicios y técnicas importantes te serán dados más adelante, diseñados cada uno de ellos para ayudarte en el camino que te llevará a convertirte en un Avanzado Ganador Creativo de Dinero y en un Inversor Creativo.

Para acelerar el progreso

Si tú estás decidido, nada podrá detener tu progreso. El hecho de que conservar el dinero te resulte fácil o no dependerá de otros aspectos: de tu horóscopo, de tu educación, de tu propia experiencia, de tu forma de reaccionar ante los que te rodean y de tu capacidad para mantener el interés.

Cualquiera de estos factores (o todos) puede *ayudarte* y favorecer tu objetivo, pero no existe nada, nada en absoluto, que pueda *impedir* que ahorres y ganes dinero, si estás totalmente decidido y te ajustas a tu plan de acción.

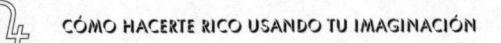

Sin embargo, podrás progresar más rápidamente si se te presentan mejores oportunidades. Esto se puede lograr intensificando el **magnetismo del Incremento** mediante el ejercicio del Signo del Incremento y el ejercicio para Activar las Ganancias.

Tú PUEDES «conectar a tierra» con más eficacia el flujo del incremento y fortalecer a la vez tu decisión interior y el sentido de tu meta como Ahorrador Positivo y Ganador Creativo de Dinero. Para ello necesitas el talismán del Ganador Creativo de Dinero, *el Talismán del Incremento*.

El Talismán del Incremento

Un talismán es un objeto material preparado para actuar como conductor de un determinado flujo o corriente inmaterial. Por sus cualidades materiales e inmateriales, funciona tanto en el mundo exterior como en el interior. Puesto que es un objeto material, puedes sentirlo, apreciarlo, tenerlo contigo y beneficiarte del poder que atrae.

Si te es posible, tú mismo harás este talismán, pero aun cuando no fuese así, lo más importante es que tú seas su dueño, que seas quien lo active y lo use.

Por lo tanto, lo llevarás contigo en todo momento. Además de su función principal como condensador de los Poderes de la Abundancia, actuará en el plano psicológico para que no olvides en ningún momento tu papel de Ahorrador Positivo y Ganador Creativo de Dinero.

Cómo hacer el talismán

El talismán tiene la forma de un disco de unos 5 cm de diámetro. Se puede realizar con cualquier material resistente, incluido el cartón. En una de sus caras tiene dibujado el Signo del Incremento, rodeado por un círculo de trazo fino, muy cerca del borde del disco.

Puedes dibujar el Signo y el círculo con una pintura duradera: si decides hacer el talismán con un material más duro que el cartón, puedes grabar el Signo y el círculo y luego pintarlos. El Signo del Incremento deberá ser de color rojo, el color de la energía creativa; el círculo que lo rodea deberá ser de color verde, que representa el crecimiento y el ambiente de prosperidad en el que tú, Ganador Creativo de Dinero, actúas.

En el otro lado del talismán, escribe esta sola palabra: INCREMENTO, y píntalo, o grábalo y píntalo, de color negro.

Para activar el talismán

Antes de empezar a utilizar el talismán, una vez terminado, deberás activarlo. Antes de ello es un simple trabajo manual *que representa* tu meta de convertirte en un Ganador Creativo de Dinero. Una vez activado se convertirá en un verdadero talismán que favorecerá *de manera activa* la finalidad para la cual ha sido creado.

Puedes hacer esta activación en cualquier momento del **día o de la noche, pero siempre en luna creciente.**

Este es el procedimiento:

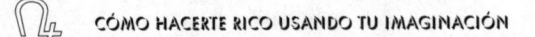

Para activar el talismán del incremento

1. Coloca el talismán sobre una mesa.
2. Pon la mano derecha sobre él y di:

>PARA ALCANZAR MI OBJETIVO,
>Y MEDIANTE EL PODER DE MI VOLUNTAD,
>APARTO ESTE DISCO
>DE TODOS LOS INFLUJOS HOSTILES
>Y DE TODO PENSAMIENTO Y CIRCUNSTANCIA NEGATIVA
>QUE PUEDA IMPEDIR MI PROGRESO
>COMO GANADOR CREATIVO DE DINERO
>Y SE LO DEDICO
>A LAS FUERZAS DE LA ABUNDANCIA.
>QUE SEA UN CANAL PURO Y PERFECTO
>PARA LAS ENERGÍAS DEL INCREMENTO,
>QUE SE CONVIERTA
>EN UN TALISMÁN REAL Y PODEROSO
>Y EN MI SEGURO SERVIDOR.

3. Ahora, con el talismán en la mano izquierda, realiza el ejercicio del Signo del Incremento, pero al final de éste, antes de dejar que el aura dorada y el Signo del Incremento se desvanezcan de tu consciencia, procede de la siguiente manera:
4. Sosteniendo el talismán con *ambas* manos, con la cara que lleva el Signo del Incremento hacia ti, llévalo hasta tu frente y presiónalo contra ella.
5. Manténlo de esta manera mientras imaginas que el Signo del Incremento pintado en el talismán absorbe la luz y el poder del Signo que brilla en tu frente. Continúa absorbiendo luz y poder hasta que, en tu imaginación, el Signo del

talismán y el que está sobre tu frente no se distingan ya, pues se han convertido en un único Signo que irradia un brillo esplendoroso. Tu voluntad es que esto suceda y debes saber que así es. Luego proclama:

MI TALISMÁN HA NACIDO
A LA LUZ DE LA ABUNDANCIA.
ASÍ ES
Y ASÍ SERÁ.
PROSPERIDAD E INCREMENTO.

6. Baja con suavidad el talismán y sosténlo en la mano izquierda como antes.
7. Ahora finaliza el ejercicio del Signo del Incremento como siempre, dejando que el aura dorada y el Signo de tu frente desaparezcan de tu consciencia.

Un compañero

El talismán deberá acompañarte dondequiera que vayas, de modo que tenlo en el bolsillo o en el bolso donde tus dedos puedan encontrarlo con facilidad en cualquier momento. Incluso un breve contacto con el talismán fortalecerá tu vínculo con él, te comunicará con las fuerzas de la abundancia y fortalecerá tu magnetismo para el Incremento y las oportunidades.

Usos especiales del talismán

A. Cuando alguien (o algo) trate de convencerte para que actúes contra tu voluntad y pongas en peligro tus ahorros, tu presupuesto o tus ingresos, tómate un tiempo para hacer lo siguiente:

1. Sentado en silencio y a solas, visualiza el Signo del Incremento sobre tu frente.
2. Sostén el talismán en tus manos, acarícialo, obsérvalo. Reconoce y disfruta la semejanza del Signo que se encuentra en el talismán con el que está en tu frente.
3. Gira el talismán y reflexiona sobre la palabra INCREMENTO. Con la vista fija en ella, piensa en toda la diversión y la aventura de ahorrar, de ver crecer tu capital. Tal vez ya hayas convertido, o lo hagas pronto, parte de tus ahorros a largo plazo en verdaderas inversiones.
4. Di con voz firme y perceptible:

YO SOY UN GANADOR CREATIVO DE DINERO.

B. Cuando te sientas presionado en público, como por ejemplo por las palabras convincentes de un vendedor o por el despliegue de un escaparate, visualiza el Signo del Incremento sobre tu frente y toca el talismán. Por lo menos, *toca el talismán.*

C. Cuando te vayas a dormir, pon el talismán debajo de la almohada. Sus buenas ondas le «hablarán» a tu mente inconsciente mientras duermes. Si las cuestiones de dinero no te dejan dormir, *coge el talismán en la mano.* Si despiertas durante la noche y tienes alguna idea creativa con respecto al dinero, *coge el talismán.*

D. A menudo, cuando estés solo y tranquilo, procura disfrutar de la presencia del talismán. Sácalo y obsérvalo. Mira el

Signo del Incremento que hay en el talismán. Recuérdalo como es: brillante, lleno de vida, colmado de benéfico poder. Piensa en la fuerza natural, poderosa e irresistible, que está conduciendo hacia tu vida. Imagínate la increíble profusión de semillas y granos de toda clase que produce continuamente la tierra. Imagínate las estrellas infinitas, las constelaciones, las galaxias que hay en los cielos. Grita: «¡Prosperidad! ¡Incremento!» y la abundancia ilimitada de la vida y de la luz, la fuerza y la fecundidad del universo tronarán e iluminarán la tierra, derramarán en ella una cosecha rebosante de generosidad que no tendrás más que recoger.

Deja que tu imaginación descanse en esas imágenes mientras sostienes y disfrutas el talismán. Así, tanto en los momentos de tranquilidad como cuando tengas que resolver problemas, la presencia del talismán como punto de aliento e inspiración te será de gran ayuda.

NIVEL TRES

Puntos de acción

Piensa en los puntos a favor que tienes como ganador de dinero: antecedentes familiares, horóscopo, hábitos contables, capacidad de planear y de tomar decisiones, cualquier experiencia que recuerdes y que te pueda resultar útil. Toma nota en especial de cualquier cosa que te AUXILIE o te ALIENTE.

Observa también cualquier punto con el que debas tener una especial precaución, ¡pero no te preocupes por ellos!

Convéncete, sobre todo, de que una vez que te has decidido a ser Ahorrador Positivo y Ganador Creativo de Dinero, *nada en absoluto* puede detenerte, siempre y cuando cumplas con lo que te has propuesto.

Realiza el ejercicio del Signo del Incremento con frecuencia. Pon atención, estate atento al INCREMENTO y a las OPORTUNIDADES.

Para acelerar y mejorar tu progreso necesitas el talismán del Ganador Creativo de Dinero, el Talismán del Incremento. «Conecta a tierra» su atracción y fortalece su poder para atraer dinero. Te ayudará como ahorrador y como ganador de dinero de muchas formas.

Haz tu propio Talismán del Incremento si puedes. (De lo contrario, puedes pedir a alguien que lo haga por ti.) Recuerda que debe estar siempre contigo, debes llevarlo a todos lados y tocarlo a menudo: si lo haces de cartón, elige un cartón duro y resistente.

Si quieres, y tienes los medios para hacerlo, puedes elaborar el talismán con otro material: puede ser de madera, de acero, de pizarra o de cerámica. Pero sea cual sea el material, hazlo cuidadosamente.

El disco debe ser de unos cinco centímetros de diámetro. En un lado pinta, o graba y luego pinta, el Signo del Incremento, dentro de un círculo muy cerca del borde del disco. Debes pintar el Signo del Incremento de color ROJO y el círculo que lo rodea de color VERDE.

El otro lado del disco coloréalo con pintura duradera, o graba y luego pinta, sólo la palabra INCREMENTO. Debes utilizar color NEGRO. Puedes escribir la palabra en el idioma o con el alfabeto que quieras, siempre que verdaderamente tenga significado para ti, o lo puedes hacer muy sencillo: esto no afectará en modo alguno a su poder.

Antes de comenzar a utilizar el talismán debes ACTIVARLO. Solamente tú puedes hacerlo.

Activa el talismán de acuerdo con el procedimiento mencionado. Observa que las palabras iniciales de la Activación se dividen naturalmente en tres secciones:

1. Se *aparta* el talismán de cualquier posible influjo negativo.
2. Se lo *dedicas* a las fuerzas de la Abundancia, para que sea un canal para las energías del Incremento.
3. Estableces tu *propósito,* que es el de que ahora se convierta en un auténtico y poderoso talismán y en tu seguro servidor, pues eres su dueño.

NIVEL TRES

En la sección 5 de la Activación, donde visualizas el Signo del Incremento que absorbe la luz y el poder del Signo de tu frente, hay dos puntos que requieren una especial atención:

1. SABER con CERTEZA –afirmar en tu interior– la REALIDAD de lo que está ocurriendo.
2. Dar TIEMPO SUFICIENTE a esta parte del proceso a fin de que se logre todo el poder y que tú tengas consciencia de ello.

«MI TALISMÁN HA NACIDO»; la declaración final es un grito de victoria y de dicha. Que así sea en la realidad.

Lleva el talismán activado contigo en todo momento y utilízalo en particular de las maneras especiales –que se indican en el texto con la letras A, B, C y D– cuando sea adecuado. Cuanto más integres el talismán en tu vida, con más fuerza trabajará para ti.

NIVEL CUATRO

Esquema preliminar

Los **tipos mezquinos**, representados en la literatura por la figura del avaro exagerado, son célebres. Aunque el dinero es su obsesión, no piensan en posibles maneras de utilizarlo.

Aisladas de las preocupaciones comunes, estas personas de carácter mezquino pierden contacto poco a poco con las fuentes de la inspiración y de la vida.

Los **fetiches**, en el significado general del término, son obsesiones que confunden por completo la escala de valores de una persona. El dinero corre el peligro de transformarse en un «fetiche» especial.

El **dinero** entendido como la luz del sol y la sangre de la vida: dos ejemplos de su poderoso simbolismo.

Las **salvaguardas para el Ganador Creativo de Dinero** te preservarán de la peligrosa obsesión de la avaricia.

El **segundo principio básico** para Ganar Dinero Creativamente es una de las técnicas más maravillosas del Poder eficaz.

Presentamos aquí claramente la **Clave secreta del Poder**, a fin de que el Ganador Creativo de Dinero pueda comprenderla y dominarla por completo.

Damos algunos **usos de la Clave** como ejemplos de su significado y de su aplicación. Uno proviene del rito cristiano; otro procede del antiguo sistema mitraico.

La Clave es de incalculable importancia **para Ganar Dinero Creativamente**. Tu dinero no es un «fin en sí mismo», y menos un fin material.

Una advertencia de tipo social: vivir de acuerdo con las fuerzas de la Abundancia no significa estar a disposición de los que derrochan el tiempo, la energía y el dinero.

Los verdaderos amigos son otra cosa. El intercambio oportuno de ideas y los intereses compartidos constituyen una parte importante de la vida.

Prestar y pedir prestado, fuera del ámbito legítimo del crédito comercial, es algo que en lo posible habrá de evitarse. Actúa en consecuencia.

«No ser prestamista» resume la actitud correcta con respecto al préstamo; es preferible que se te conozca como alguien que no presta dinero. En todo caso regálalo, pero no lo prestes.

Desear el bien no cuesta nada, pero debe tomarse en serio, pues es un medio para difundir los beneficios de la Abundancia.

Contraseñas romanas que reflejan el extraordinario crecimiento que la antigua Roma experimentó. Los romanos intercambiaban constantemente buenos deseos muy poderosos, que el Ganador Creativo de Dinero puede adoptar en su provecho.

NIVEL CUATRO

Influencia en varios niveles

¿Cuál es la diferencia entre un Ganador Creativo de Dinero (o un Ahorrador Positivo) entusiasta y un avaro? Podríamos responder que es la misma diferencia que existe entre un magnífico ser vivo y un fósil prehistórico. Sin embargo, el fósil, por tener unos millones de años de vida, es necesariamente un fósil, en tanto que un avaro debería ser, con toda razón, una persona vital y activa que todavía disfruta y comparte la aventura de vivir y que utiliza los poderes vitales.

Los tipos mezquinos

El teatro y la novela han logrado componer una buena imagen del avaro: nuestra idea común del avaro es la de una persona cuya única pasión es obtener y acumular dinero. Es probable que los avaros tengan gran cantidad de dinero o muy poco —con frecuencia tienen poco pues les resulta difícil invertirlo—, pero no miran más allá. Vuelven la espalda a los antiguos amigos o dejan que las circunstancias los aparten, y no se interesan por las preocupaciones de ninguna otra persona. A menudo, su vestimenta y sus casas muestran signos deplorables de abandono.

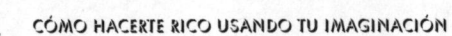

En la vida real, el avaro exagerado es en cierto modo un sujeto poco común, aunque las personas con tendencia a la avaricia se ven más a menudo. Por lo general, se las puede identificar como personas consciente o inconscientemente amargadas por haber perdido algo o por no haber evolucionado en el plano personal: hombres y mujeres que dejan de amar por haber sufrido una decepción o una desgracia muy grande, otros a los que una incapacidad física arruinó la carrera elegida y, a veces, jóvenes a quienes las circunstancias les negaron un entorno vivificante y amigos de su misma edad. Otras veces, también, nos encontramos con hombres de dinero que han llegado a evitar el contacto con otras personas y a huir de la búsqueda creativa pues creen que los demás «sólo van tras su dinero».

Aislados

La diferencia evidente entre estas personas avaras y el hombre común prudente es que los avaros, en mayor o menor grado, *se han aislado* de las corrientes vitales; se han apartado de las corrientes de la fuerza vital de este mundo, de las actividades mentales y físicas, del interés por los demás y por el entorno, de las concesiones mutuas generales que suponen el trabajo y el juego, de compartir ideas con otras personas. Se han aislado de la ayuda y del aliento, pero también de algo más que eso.

Y lo que es más grave aún: tal vez sin proponérselo ni percibirlo, están perdiendo contacto con las fuentes de vida espirituales superiores que existen dentro de su propio ser y en todo el universo. Éste es el proceso de «fosilización» al que nos referíamos antes. Sus intereses se han ido restringiendo a las preocupaciones estrechas de un ser inferior y la imagen de la ganancia material se ha convertido para ellos en una obsesión.

Los Fetiches

Esta imagen obsesiva puede ser distinta. Algunas personas transforman la salud y la fuerza física en un «fetiche», otras la perfección del hogar, otras la castidad. Todas ellas son excelentes cualidades, pero ninguna es suficiente como fuerza suprema para dirigir e inspirar la vida de una persona. No obstante, cuando el dinero se convierte en un fin en sí mismo que excluye todos los demás intereses, es un «fetiche» particularmente peligroso.

El peligro estriba en el hecho de que para nuestra atención consciente e inconsciente, racional y afectivo-emocional, la noción de dinero tiene realmente un poder inmenso. No se trata tan sólo de que el dinero tenga verdadero poder en sí mismo, es también el símbolo y el representante de gran parte de lo que da vida y es espiritualmente activo.

El dinero como Luz del Sol y Sangre Vital

En la época de las monedas de oro, el dinero simbolizaba evidentemente la luz del sol. Para muchas personas esta imagen sigue siendo muy poderosa, pues el dinero, al igual que la luz del sol, aún brinda beneficios que trascienden el nivel material: esperanza, liberación de la ansiedad, un incentivo para vivir y para trabajar por el futuro. Nuestra vida en la tierra depende por completo del sol; en un estado civilizado, nuestra vida en la tierra depende del dinero. De igual modo, el dinero también simboliza la sangre que circula por el cuerpo, pues es en verdad la sangre del cuerpo político. También tiene mucho que ver con la confianza interior, la autoestima y las aspiraciones de abundancia.

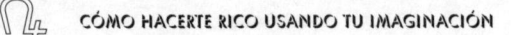

El dinero no sólo representa de diversos modos a las fuerzas espirituales de la vida y del bienestar del mundo, sino que también contribuye enormemente a su expresión. No obstante, ello no significa que pueda ocupar el lugar de las propias fuerzas espirituales invisibles. Ahí es donde los avaros se equivocan de camino.

Salvaguardas del Ganador Creativo de Dinero

Tú, como Ganador Creativo de Dinero, no puedes permitir que el concepto de dinero material te aparte de la realidad oculta: del origen espiritual de la Prosperidad y del Incremento. Si realizas a menudo el ejercicio del Signo del Incremento es imposible que esto te suceda.

Por otro lado, el mundo material no es una cápsula aislada en la que debamos, o deberíamos, estar separados de los poderes espirituales. Somos parte de esos poderes y ellos son parte de nosotros. Abrir la consciencia, el corazón, nuestra existencia a la circulación de las fuerzas vitales no es contribuir a que se agoten, sino dejar que las corrientes de la vida nos colmen y nos renueven constantemente.

El segundo principio fundamental

Esto nos conduce al segundo principio fundamental del programa para Ganar Dinero Creativamente.

Primero presentamos, en el Primer Nivel, el principio más general: «los semejantes se atraen», para luego llegar al segundo principio, más específico: «el dinero atrae al dinero».

El *primer principio* es conocido por la gran mayoría y la experiencia de muchas personas lo confirma.

El *segundo* no está, hasta ahora, tan extendido. Es conocido en ciertos círculos y los jefes supremos del poder místico y oculto lo conocieron de forma secreta y lo usaron con gran eficacia.

Sin embargo, al invocar este principio, siempre lo disfrazaron con sus propias creencias, de modo que siempre apareciese como una fuente de poder exclusiva de su culto. Por lo tanto, muy pocas veces se empleó en términos generales, y hasta el momento ha permanecido como una de las claves secretas del Camino hacia el Poder.

La clave secreta del poder

Al igual que el primer principio, inicialmente también se puede expresar en términos generales:

UNA FUERZA ESPIRITUAL Y EL SÍMBOLO QUE LA REPRESENTA SON MÁS PODEROSOS CUANDO SE LES UTILIZA JUNTOS.

Usos de la clave

El cristianismo siempre utilizó amplia y poderosamente este principio. Por ejemplo, la invocación al Espíritu Santo, la Paloma dadora de vida, en las iglesias de Oriente y Occidente está acompañada en muchos casos por el uso de la luz y la llama, los símbolos del Espíritu Santo.

El simple uso de la luz y de la llama por sí solas no invocarían a ese poder, y, desde luego, sería imposible invocar al Espíritu Santo para que actuara sin recurrir al simbolismo. No obstante, cuando se dan juntos, el simbolismo y la invocación forman una combinación antigua y poderosa.

Otro caso: en la ceremonia de iniciación de los cultos de los misterios de Mitra se sacrificaba un toro y se derramaba su sangre sobre el aspirante. La muerte en el sacrificio era un símbolo de iniciación, pues el aspirante debía abandonar su antigua vida para adoptar la nueva; la matanza de un toro por sí sola no bastaría para completar la iniciación. Asimismo, muchas grandes iniciaciones se llevaron –y se llevan– a cabo sin ningún sacrificio de sangre. Sin embargo, dentro del sistema mitraico, en el que la matanza del toro de Mitra era el misterio regenerador central, la combinación del sacrificio y del rito de iniciación proporcionaban una fuerza muy poderosa.

Por consiguiente, la interacción de la *fuerza* y el *símbolo* puede apreciarse con claridad: *el símbolo lleva a la fuerza. La fuerza da vida al símbolo.*

NIVEL CUATRO

La Clave en el programa para Ganar Dinero Creativamente

Este segundo principio, la Clave, es de gran importancia para Ganar Dinero Creativamente.

Has visto cómo tú y tus ahorros actuáis y reaccionáis de acuerdo con las fuerzas de la Prosperidad y del Incremento. Sin duda has visto también cómo el talismán, activado por el Signo del Incremento, Vigoriza tu propio magnetismo y te ayuda a no claudicar en las decisiones tomadas.

Como Ganador Creativo de Dinero sabes que eres un imán; tu dinero es un imán. Como Ganador Creativo de Dinero sabes la gran importancia de mantener abiertos los canales psíquicos y espirituales.

Es importante que hagas el ejercicio del Signo del Incremento.

Es importante que uses y lleves contigo el talismán.

Lo más importante, sin embargo, es que utilices la Clave, precisamente para mantener abierto el canal entre el nivel espiritual dinámico y el nivel de existencia material de tu vida y de tu ser.

Esto te servirá para aceptar que el dinero no es un fin en sí mismo sino un símbolo y un instrumento terrenal de la vital fuerza espiritual.

Manténte vital, conserva la calidez, muéstrate como verdadero ser vivo. Lo que le das a la vida –tu interés activo y tus actividades– realza tu propia vida y el goce con que la disfrutas. No permitas que tu actividad y tu interés por la vida se extingan. Independientemente de donde estés y de lo que hagas, las poderosas corrientes espirituales creativas también fluirán hacia ti y actuarán a través del canal *que fomenta la expansión y la evolución de tu ser interior.*

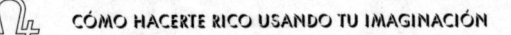

NUNCA DUDES de que el uso inteligente del dinero, ya sea al ahorrarlo o al gastarlo, conducirá hacia ti las fuerzas supremas de la Abundancia. Estas fuerzas vivificarán a la vez tu dinero y tu existencia.

Una advertencia de tipo social

Es probable que, en general, la vida social del Ganador Creativo de Dinero sea tranquila pero agradable. Tener abierto el corazón no significa abrir las puertas a todos ni prestarse a largas conversaciones telefónicas con los que no tienen nada que hacer.

Hay que tener cuidado con esto. La invasión –tal vez inadvertida al principio– de tu atención, tus energías y tu vida es peor que la pérdida directa de tiempo.

Tu tiempo, Ganador Creativo de Dinero, siempre es precioso, y estas personas en apariencia inofensivas es muy probable que a la larga se aprovechen sin piedad de lo que creen que es tu carácter bondadoso.

Si actúas con sabiduría, serás muy poco tolerante con quienes quieren chismear, con quienes tienen un largo historial de desdichas o con los que sólo desean matar el tiempo. Es hora de que aprendan a vivir su vida, pero no eres tú quien debe enseñarles. Por otro lado, muchos holgazanes son «vampiros» que chupan nuestra energía.

Si les dieras tu tiempo (o peor aún, tu dinero) no les estarías ayudando en realidad; estarías engañándote y también correrías el riesgo de tener que negarle tu tiempo u otro tipo de ayuda a un verdadero amigo.

Los verdaderos amigos son otra cosa

Las personas con calidad de auténticos amigos son pocas, de manera que no es la cantidad lo que importa sino la autenticidad de la relación: la relación entre personas que comparten un interés o un punto de vista y que, además, se aprecian y se respetan.

Estas amistades se basan con frecuencia en vínculos familiares o conyugales, y la relación original se enriquece con el tiempo a medida que las personas llegan a conocer el verdadero valor de cada uno. De todos modos, cuando se reúnen los verdaderos amigos, a menudo se percibe cierta sencillez y un ambiente hogareño.

Una ocasión especial –un cumpleaños, un casamiento, un aniversario, una reunión– posiblemente suponga un gasto extraordinario. No obstante, nadie intenta superar al otro, excepto tal vez por diversión, y cada uno respeta el estilo de vida elegido por la otra persona. El Ganador Creativo de Dinero descubrirá que el dicho **los semejantes se atraen** vale tanto para las personas como para las fuerzas naturales. No le faltará una compañía compatible con él.

Por consiguiente, el tema del dinero no será de mucha importancia entre los amigos, salvo cuando hablen de negocios. Pero hay circunstancias especiales en las que es necesario tener en cuenta la postura del Ganador Creativo de Dinero.

Prestar y pedir prestado

En el pasado, gran parte de la vida comercial de los Estados Unidos se llevó a cabo sobre la base del crédito. En la actualidad, este escenario de alguna manera esta cambiando y el crédito, en pequeña o gran escala, ya no es la respuesta sencilla a los problemas de cualquiera, como solía serlo.

Aun con tasas de interés en alza y el minucioso examen que realizan los bancos a cada proyecto de préstamo que les es presentado, algunas formas de crédito todavía pueden ser provechosas. Asegúrate simplemente de que la ganancia neta que vas a obtener valga la pena y justifique el gasto. Sin embargo, es mejor evitar en lo posible pedir crédito fuera del ámbito comercial.

En este tema el buen sentido es algo esencial. Es razonable pedirle prestado algo de dinero a un colega para pagar el taxi en un caso de emergencia. Pedir prestado porque hemos excedido nuestro presupuesto a fin de mes es malo *por tres motivos:*

Denota una falta de control de los propios gastos. Es necesario corregir esa falta, aun cuando nadie más la sepa.

Es negativa para la propia imagen la reputación de persona «sablista», aunque se pida prestado a un colega, a una casa de empeño o a otra persona. Dado que no sólo la otra persona sino también nosotros mismos lo sabemos, ello puede socavar nuestra valiosa autoestima.

La deuda debe liquidarse rápidamente y nos dolerá. Si volvemos a ajustar nuestro presupuesto, que es lo que sin duda deberemos hacer, el mes siguiente todavía estaremos mal por el gasto que supone haber saldado la deuda. Si se hubiera evitado dicha deuda, la recuperación hubiera sido mucho más rápida.

Estas objeciones con respecto a pedir prestado están incluidas asimismo en lo que decimos con respecto al hecho de prestar, y deben ser de mucho interés para el Ahorrador Positivo y para el Ganador Creativo de Dinero.

NIVEL CUATRO

«... No prestes»

Las palabras de uno de los personajes de Shakespeare: «ni pedir prestado ni prestar», son en cierto sentido verdaderas. Nunca deberías llevar uno de estos «letreros». El primero dañaría tu reputación y tu autoestima. El segundo te convertiría en blanco de todo aquel que buscara alguien «fácil», ¡y es sorprendente cuántas personas de pocos escrúpulos aparecen cuando encuentran a uno «fácil»!

Aparte de casos como el dinero para el taxi que mencionamos antes (donde dejas a deber a un amigo o colega una pequeña cantidad durante un día o dos), se te aconseja rotundamente que sigas los siguientes principios con relación al préstamo:

Nunca prestes fácilmente. Esa persona puede sobrevivir sin el préstamo o le puede pedir a otro. Créate fama de no prestar. Es posible que se difunda este rumor y te ahorre muchos problemas.

Si prestas, **nunca prestes más de lo que puedes**. Esto es de mucha importancia. La naturaleza humana está expuesta a errar y las circunstancias pueden cambiar. No importa cuán admirable o estimada sea una persona para ti, siempre le puede resultar imposible o demasiado difícil pagar su deuda. En esos casos no querrás insistirle en que te pague y entonces serás tú el que tenga problemas.

Supongamos que una persona a la que te sientes obligado a ayudar necesita dinero. Si la cantidad que necesita excede de lo que tú podrías *darle*, puedes ofrecerle lo que crees que puedes afrontar y sugerirle que consiga el resto en otro lado. Sin embargo, *tanto si le ofreces todo o parte de lo que necesita,*

NO SE LO DES EN CALIDAD DE PRÉSTAMO, SINO COMO UN REGALO.

Hay varios factores que aconsejan actuar así. Por un lado, ello te hará pensar con cuidado antes de ofrecer el dinero. Por otro, probablemente hará razonar a la otra persona sobre el compromiso que implica aceptarlo.

Si tu amigo es sincero y realmente se encuentra en dificultades, ella o él aceptarán tu dinero, pero con la condición de que cuando la situación mejore, te lo devolverán.

Puedes aceptar esta condición para que tu amigo se sienta cómodo. No debes dudar de su sinceridad. Sin embargo, recuerda que le *diste* el dinero, de modo que no esperes que te lo devuelva. Si alguien necesita dinero, lo necesita y punto.

Tal vez nunca te veas obligado a actuar de esta manera. En caso de que así fuera, si controlas la situación del modo como se te sugiere en este libro, estarás actuando con prudencia. También estarás actuando con inteligencia y en armonía con los poderes supremos de la Abundancia que has invocado en tu vida. No estarás convirtiendo a tu amigo en «prestatario» ni a ti mismo en «prestamista», sino que será un obsequio privado entre vosotros.

Desear el bien

Como Ganador Creativo de Dinero, con tu fortaleza interior y sin sentimentalismos puedes ayudar sintonizando tus acciones para difundir la sensación del trabajo provechoso, del ocio provechoso, de la autoestima y el aprecio mutuo a tu alrededor. Todo ello redunda en mayor Prosperidad e Incremento. Y puedes ir un paso más allá, con el ejercicio de desear el bien.

Desea el bien con sinceridad, de pensamiento y palabra, a quienes te rodean. En todos los casos, lo merecen o lo necesitan.

NIVEL CUATRO

Contraseñas de la Antigua Roma

Los romanos nunca utilizaron en vano las palabras. Cada uno de sus dichos que ha llegado a nosotros tiene un gran significado, contenido en pocas sílabas. Por lo tanto, las palabras llevaban gran fuerza y poder. La sabiduría popular ausetana y de los etruscos, quienes fueron excelentes maestros del discurso y la acción ritual, contribuyó a que aprendieran a hablar con tanto poder.

Durante el grandioso crecimiento de Roma, que pasó de ser un pueblo amurallado a convertirse en la capital opulenta de un poderoso imperio, dos palabras eran intercambiadas con frecuencia entre sus habitantes. Se usaban para saludar a los amigos, en el saludo militar y en cualquier ocasión de reunión o separación. Generalmente, su traducción es *Salve* y *Adiós,* pero hasta una época tardía su uso no fue tan estereotipado como implican los términos en español. Las palabras latinas, **Ave** y **Vale** (que frecuentemente se utilizaban juntas), merecen que se reflexione sobre ellas.

La palabra **Ave** no solamente se utilizaba, en general, como saludo, sino también al saludar a un gobernante o dignatario. Literalmente significa ¡PROSPERA! *en un sentido, sin duda alguna, material.* Si continuamos remontándonos, se relaciona con el verbo inglés «to have» (y también con el verbo francés «avoir» y el alemán «haben»).

La palabra **Vale** significa ¡QUE ESTÉS BIEN, QUE TENGAS BUENA SALUD! Un «inválido» es una persona que carece de buena salud. Una razón considerada como «válida» es una razón de peso y que convence. «Valor» es el coraje sano, en sí mismo, un concepto destacado del pensamiento romano.

Así pues, siempre se intercambiaban estas dos palabras en la conversación entre dos romanos: «¡Prospera!» y «¡Que tengas buena salud!»; «¡Prospera, César!», «¡Prospera, amigo mío!»; «¡Viaja a salvo y que tengas buena salud, hijo mío!»; «¡Que tengas buena salud, soldado que partes hacia las fronteras!»

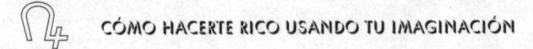

¡PROSPERA Y QUE TENGAS BUENA SALUD! Se pueden decir estas cosas, al menos mentalmente, a todos los que se nos acerquen. Son deseos potentes.

El señor Spock de *Galáctica*, dice: «¡Que tu vida sea larga y próspera!», y ése es el deseo de Denning y Phillips para ti, Ganador Creativo de Dinero.

NIVEL CUATRO

Puntos de acción

IMAGINA a cualquier avaro que conozcas de la literatura o del teatro. Fíjate en su AISLAMIENTO DELIBERADO de las relaciones humanas, lo que es un rasgo constante de la avaricia, y en su FALTA de todo compromiso espiritual, lo cual podría explicar el aislamiento.

Por otro lado, observa CUALQUIER ORGANIZACIÓN NORMAL que se preocupa por el dinero, como por ejemplo, las actividades de un banco importante. Piensa en LA GRAN VARIEDAD DE INTERESES HUMANOS que cubren esas actividades. Durante un momento, piensa en las organizaciones parecidas que hay en todo el mundo y compara todo esto con el RETIRO del avaro.

POSTERIORMENTE, REFLEXIONA acerca del hecho de que las fuerzas de la Prosperidad y del Incremento que sustentan el mundo financiero son mucho más grandes y poderosas que cualquiera de sus manifestaciones terrenales. TÚ, COMO GANADOR CREATIVO DE DINERO, ESTÁS EN CONTACTO DIRECTO CON ESAS PODEROSAS FUERZAS.

Nunca dejes de realizar EL EJERCICIO DEL SIGNO DEL INCREMENTO ni dejes de ACTIVAR LAS GANANCIAS LLEVA CONTIGO

SIEMPRE EL TALISMÁN para poder permanecer en estrecho contacto con esas grandes fuerzas benéficas y no olvidarlas.

Luego sigue con la *Clave secreta del poder*. Obsérvala de la siguiente forma:

UNA FUERZA ESPIRITUAL
Y EL SÍMBOLO QUE LA REPRESENTA
ADQUIEREN MAYOR PODER
CUANDO ACTÚAN JUNTOS.

Necesitas una FUERZA y necesitas el CANAL O IMÁN adecuado para esa fuerza. En este caso, el canal o imán es *tu propio dinero y el modo en que lo utilizas*, como instrumento de una fuerza espiritual.

Tú AHORRAS POSITIVAMENTE al objeto de INVERTIR. El hecho de desembolsar dinero inteligentemente podría ser una inversión. Por ejemplo: gastar para alcanzar una forma de vivir saludable, hacer un curso para alcanzar una mejor posición, mudarte a una localidad más agradable. Todo esto es invertir en la vida. También lo es poner más energía e interés en la vida y acumular así placer y entusiasmo.

MANTÉN EL CANAL ABIERTO en tu vida y en tu ser, entre el nivel espiritual dinámico y el nivel de existencia material.

¡Sé PRUDENTE! ¡Es posible que ATRAIGAS más de lo que deseas! Por lo tanto, huye de los chismes, de las historias desdichadas y de los que pierden el tiempo. Ser tolerante en estos aspectos no ayuda a nadie y nos perjudica seriamente.

Una de las cosas buenas de la vida es tener VERDADEROS AMIGOS, aun cuando sean pocos. La TRANQUILIDAD de la compañía agradable y la ESTIMULACIÓN de los intereses compartidos ayudan a la circulación de las fuerzas vitales que nos mantienen VITALES

Y CÁLIDOS, es decir, VERDADEROS SERES VIVOS. Quizás el dinero se convierta solamente en un tema casual de conversación.

Dos formas de NO utilizar el dinero, al menos fuera del ámbito comercial son: PRESTAR Y PEDIR PRESTADO. Evítalas como si fueran una plaga, que es lo que realmente son. No es conveniente que te conozcan como quien pide dinero prestado con frecuencia; hacerse conocer como quien lo presta con facilidad te convertiría en presa fácil para los derrochadores. Calcula un presupuesto viable Y ATENTE A ÉL. También esto previene los préstamos.

Tener cuidado con el dinero no significa ser austero ni tacaño. Los buenos deseos son para darlos: dalos en libertad y con sinceridad. Muchas personas son más receptivas psíquicamente de lo que supones. Quizás un buen deseo provoque una sonrisa en la cara de una persona o incite a otra a decir una palabra suave en lugar de una severa. De esta forma transmites tu deseo del bien. Una fórmula antigua y muy eficaz es: PROSPERA Y MANTÉNTE SANO.

NIVEL CINCO

Esquema preliminar

A partir del Primer Nivel, tu labor como Ganador Creativo de Dinero ha trascendido el nivel material. ¡Ahora conocerás a un gran amigo inmaterial!

El factor invisible es frecuentemente el factor más importante en las situaciones vitales. En el entrenamiento para Ganar Dinero Creativamente puedes obtener una ayuda inestimable.

El dominio es tu objetivo. Aprende a dominar y a dirigir el potencial invisible de expansión y oportunidad.

Debes comprender claramente **las funciones de la Mente Profunda** para poder controlarlas y dirigirlas con éxito.

Puck y Ariel son dos personajes de Shakespeare que nos enseñan diferentes caras de la Mente Profunda.

El portal subliminal se abrirá cuando tengas, y uses, el Espejo Negro.

La alianza con las fuerzas benéficas empezó para ti durante el ejercicio del Signo del Incremento. Ahora se reforzará con la ayuda de la Mente Profunda.

Conocer a «Ariel» es necesario en este momento.

Luego sigue EL PRIMER EJERCICIO DEL ESPEJO con explicaciones e indicaciones para guiarte en la primera etapa vital de una interrelación provechosa.

La manifestación externa de tu progreso y enriquecimiento continuos muestra tu relación con tu Mente Profunda, tu aliado fiel y poderoso.

NIVEL CINCO

Invocar a Ariel

En el programa para Ganar Dinero Creativamente hay un principio rector que debes tener presente en todo momento:

NO ACTÚAS ÚNICAMENTE
EN EL NIVEL MATERIAL

El factor invisible

En cada ocasión que realizas los ejercicios del programa para Ganar Dinero Creativamente –y que llevas el talismán–, cada vez que actúas y piensas como un Ganador Creativo de Dinero, estás CREANDO UNA FUERZA MAGNÉTICA en el ambiente psíquico que te rodea.

Por ello, en el momento preciso, ¡recibirás algo de muy importante!

Y estarás organizado y preparado para recibirlo.

Esta nueva expansión puede ser un ascenso en el trabajo o una nueva oportunidad laboral. Tal vez pase algo con tus ahorros o tus inversiones o quizás sea una apertura de las perspectivas de tu tiempo libre; quizá provenga de algo distinto a cualquiera de estos casos, *pero a consecuencia de la fuerza psíquica que has creado con los ejercicios para Ganar Dinero Creativamente, debe ocurrir algo.*

Tener control

Sin embargo, no debes esperar todo esto con pasividad, como el campo seco espera a la lluvia, ni necesitas fatigarte para «hacer que todo marche» a nivel terrenal. Ése no es el camino. En la técnica para Ganar Dinero Creativamente hay procesos psíquicos y poderosos métodos psíquicos para estimular esos procesos.

Cuando utilizas estos métodos, estás controlando y dirigiendo el potencial de expansión y de oportunidad que genera tu campo magnético de prosperidad e incremento, y de esta manera, estás poniendo los cimientos para tu trabajo como EXPERTO GANADOR CREATIVO DE DINERO. El primer paso es formar una sociedad de trabajo con tu propia **Mente Profunda**.

Las funciones de la Mente Profunda

La mente racional es la responsable del conocimiento consciente y la que controla los actos voluntarios, como son hablar o cruzar la calle. Aunque es indispensable, sólo abarca una pequeña proporción de la actividad de la psique, es decir, de toda la parte inmaterial del ser.

La Mente Profunda es aquella parte de la psique que algunos psicólogos llaman «subconsciente» y otros «inconsciente». Ello no significa que sea inconsciente en sí, sino que la mente racional no es consciente de ella y no puede acceder de forma directa a sus actividades. Sus niveles y sus modos de acción son diversos y sus poderes aún no han sido explorados en su totalidad.

Conjuntamente con la Mente Profunda, actúa el sistema nervioso autónomo, que controla, por ejemplo, la digestión y los actos «involuntarios», como estornudar o toser.

Quizás te preguntes si la «mente» tiene realmente algo que ver en estos actos, aunque sabes cómo la ansiedad puede afectar a la digestión. De nuevo, observa a las personas que tosen cuando escuchan a un orador monótono; no lo pueden «evitar». Sin embargo, si el orador se anima y vuelve a captar su interés, ¡las toses desaparecen de inmediato!

También la Mente Profunda puede dominar, durante un período, lo que deberían ser acciones voluntarias (como hablar), pero puede jugarnos una mala pasada.

Un orgulloso anfitrión dice: «Esta comida la hice sin receta».

«Me lo imaginé» se escucha decir al invitado, con ese tono de voz cálido y de agradecimiento que tenía preparado.

Los incidentes de esta clase son graciosos o vergonzosos, pero demuestran lo importante que es no dejar que la Mente Profunda domine algunas cosas. Lamentablemente es impredecible y con frecuencia demasiado franca, como un niño.

Puck y Ariel

En caso de que hayas leído las obras de Shakespeare (serían buenas amigas del Ganador Creativo de Dinero), probablemente reflexiones al considerar a estos dos personajes como diferentes estudios de la Mente Profunda: **Puck** en *El Sueño de una noche de verano* y **Ariel** en *La tempestad*.

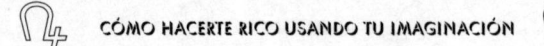

Puede decirse que Puck representa a la Mente Profunda dominante que hace jugarretas a quienes no saben cómo manejar la situación. Las respuestas perplejas y temerosas sólo aumentan el despotismo del duende revoltoso.

Por otro lado, Ariel representa a la Mente Profunda dominada por su señor, Próspero, el mago sabio. Siendo tratada con verdadero amor pero con mano firme, Ariel se deleita poniendo en práctica sus habilidades no terrenales y ayudando en los trabajos de Próspero.

¡Precisamente ése es el tipo de relación que establecerás con tu Mente Profunda!

El portal subliminal

Ha llegado el momento de que conozcas un artículo importante que forma parte del equipo necesario para el programa Ganar Dinero Creativamente. Este artículo es el ESPEJO NEGRO, un instrumento que se usó durante siglos para los ejercicios de visualización, para formas especializadas de adivinación y en diversas técnicas psíquicas creativas.

Actualmente se utilizan varias formas del Espejo Negro, en especial por los ocultistas occidentales y por los practicantes de *Darb el-Mendel* (ritos que forman parte de los misterios de la tradición islámica). Para el Ganador Creativo de Dinero se recomienda la siguiente forma sencilla del Espejo Negro, tanto por su economía de diseño como por la adaptabilidad a tu propósito especial:

NIVEL CINCO

CONSTRUCCIÓN DEL ESPEJO NEGRO

Necesitarás un rectángulo de madera u otro material resistente de aproximadamente 45 x 60 cm.

Pinta uniformemente de negro la superficie de la parte delantera.

La parte trasera debe ser una superficie de color neutro, sin brillo, como por ejemplo azul grisáceo o beige.

Dibuja el Signo del Incremento en color rojo brillante en la superficie trasera.

Añádele a tu Espejo Negro un soporte para que pueda permanecer en pie sobre una superficie lisa, a fin de que cuando estés sentado frente a él puedas distinguir en su interior, con más o menos claridad, el reflejo de tu cabeza y tus hombros.

El Espejo debe servir como medio de acceso entre los niveles de consciencia. Por medio de él comenzará la comunicación con la Mente Profunda y conseguirás su ayuda poderosa para Ganar Dinero Creativamente.

El Signo del Incremento se encuentra en la parte trasera del Espejo. Ello se conecta con tu aspiración e indica que el espejo es una herramienta para Ganar Dinero Creativamente. Utiliza el Espejo sólo para este fin, y cuando no trabajes con él, manténlo cubierto con una tela o velo blanco.

Una alianza fundamental

Es importante entender por qué puedes hacer lo que harás a continuación.

La Mente Profunda es «profunda» en todos los sentidos. Es la parte más profunda y poderosa de la llamada «naturaleza inferior», que comprende, además de la Mente Profunda, los instintos, los sentimientos y, desde luego, el cuerpo físico. Además, es tu fuente de poder, indispensable para toda acción psíquica.

Frecuentemente se considera a la mente racional como parte de la «naturaleza inferior». Si está dirigida por las percepciones sensoriales, los instintos y los sentimientos, esa apreciación es verdadera. Sin embargo, cuando la mente racional invoca y se alía con las fuerzas espirituales superiores del cosmos, ya no forma parte de la «naturaleza inferior», sino que se convierte en el «intelecto divino» del que hablan los poetas y filósofos.

La alianza entre la mente racional y la fuerza espiritual, en el programa para Ganar Dinero Creativamente, se logra mediante la práctica del ejercicio del Signo del Incremento. Aquí, la mente racional, constantemente receptiva e inspirada por las fuerzas cósmicas de la Abundancia, es capaz de dirigir adecuadamente a la Mente Profunda con autoridad bondadosa, de dirigirla, además, con un dinamismo singular y específico, a fin de conseguir Prosperidad e Incremento.

Para conocernos

Mediante el procedimiento, tu imagen en el Espejo Negro, puesto que refleja una parte de tu «naturaleza inferior» –tu cuerpo físico y tus afectos– y es un símbolo válido del inconsciente, se adecua para representar a la Mente Profunda. Debe entenderse este última como símbolo de ARIEL, y tú, PROSPERO, cuya mente racional está en armonía con las fuerzas de la Abundancia, vas a asegurar su cooperación.

NIVEL CINCO

Primer ejercicio con el espejo

Cuando estés solo y relajado, pon el Espejo sobre una mesa cubierto con un velo. Aún no lo descubras. Coloca delante de él el Talismán del Incremento.

Asegúrate de que la luz que utilizas brille sobre ti desde detrás del Espejo, o desde arriba de él. Si bien necesitas discernir tu reflejo en el Espejo, no pongas tu sombra en él.

Si te es de ayuda crear un ambiente relajado y «psíquico», enciende dos velas a cada lado y ligeramente detrás del Espejo.

Si lo deseas, enciende tu incienso favorito.

1. De pie y delante del espejo, realiza el ejercicio del Signo del Incremento.
2. Una vez finalizado, siéntate delante del Espejo Negro y, tocando el Talismán del Incremento con ambas manos, di:

LA LUZ DE LA ABUNDANCIA ME ENVUELVE,
EL PODER DE LA ABUNDANCIA ME ALIENTA,
LA VITALIDAD DE LA ABUNDANCIA
INSPIRA MIS ACCIONES.

SOY UN GANADOR CREATIVO DE DINERO,
SOY UNO CON LAS FUERZAS DE LA ABUNDANCIA,
Y POR MEDIO DEL SIGNO DEL INCREMENTO

RUEGO A MI MENTE PROFUNDA
QUE ME AYUDE
A CONSEGUIR PROSPERIDAD E INCREMENTO
POR EL BIEN DE TODO MI SER.

3. Colocando la mano izquierda sobre el Talismán del Incremento, golpea suavemente el Espejo con la mano derecha tres veces. Posteriormente, con ambas manos, quita y deja a un lado el velo.
4. Observa el Espejo. Reflexiona sobre el aspecto Ariel de la Mente Profunda, representado aquí por el misterioso reflejo. Es un duendecillo travieso con poderes asombrosos, pero depende de que tú lo guíes adecuadamente. Es tan dependiente como tú –tu ser consciente y racional– lo eres de tu vínculo con las fuerzas inspiradoras y cósmicas de la Abundancia.
5. Atrae, poco a poco, la atención de la Mente Profunda. Comienza diciendo: «**¡Hola! Hola, Mente Profunda. Sal de tus sueños por un instante. Sé que estás ahí dentro y quiero hablarte**».
6. Cierra los ojos y repite: «**Soy** _____» (usa el nombre por el que más te guste que te llamen), luego abre los ojos y di: «**y tú eres mi Mente Profunda, mi buena amiga y aliada**».
7. Intercambia una amplia sonrisa con tu Mente Profunda. Cuéntale el cariño que sientes por ella –quizás la hayas descuidado en el pasado–, tu preocupación real por su bienestar y tu confianza en su poder para ayudarte.
8. Cuéntale a la Mente Profunda, a tu manera, tu deseo de ser un Ganador Creativo de Dinero. Pídele su ayuda en tu propósito de aumentar y dirigir las corrientes de la Abundancia en beneficio mutuo, pero dilo en términos generales en este primer ejercicio. No hagas ninguna petición específica. *Recuerda que estás hablando con un aspecto sumamente poderoso, inocente y deseoso de la psique, y que la relación se encuentra en el principio.*
9. Toca, con ambas manos, el Talismán del Incremento y reafirma mentalmente tu intención de conseguir Prosperidad

e Incremento por el bien de todo tu ser. Posteriormente levanta ambas manos en actitud de plegaria, con las palmas hacia el Espejo, y di:

> MI MENTE PROFUNDA,
> MI AMIGA Y AYUDANTE ESPECIAL,
> TE AGRADEZCO TU AYUDA.
> QUE LAS BENDICIONES DE
> LA PROSPERIDAD Y DEL INCREMENTO SEAN TUYAS
> MIENTRAS AVANZAMOS JUNTOS
> HACIA LA LUZ DE LA ABUNDANCIA.

10. Por último, cubre el Espejo, da tres palmadas para despertar del estado contemplativo y para afirmar el regreso a la consciencia cotidiana.

La visión progresiva

La *rutina* y el *hábito* son muy valiosos cuando se establece una relación sólida con la Mente Profunda, debido a que por su propia naturaleza, forman el vínculo entre el pensamiento consciente y la acción espontánea.

Con objeto de crear la *rutina* y el *hábito* es necesario realizar el primer ejercicio del Espejo todos los días a la misma hora, siempre que te sea posible.

Debes continuar realizando este ejercicio hasta que sientas que tu relación con la Mente Profunda es sólida y que, por lo tanto, estás preparado para continuar con otros ejercicios.

Sólo tú puedes juzgar si estás preparado, por lo que debes observar cómo evoluciona la relación. El modo de lograrlo –y de enriquecer además la relación– lo veremos en el siguiente Nivel.

NIVEL CINCO
Puntos de acción

ASEGÚRATE de que estás haciendo todo lo posible por crear esa fuerza magnética para *un fin bueno.* Estáte ATENTO a las oportunidades que puedan aparecer. CONFÍA en el Incremento de la fuerza magnética.

Nunca DESCONFÍES de la eficacia de los poderes psíquicos. Si los utilizas adecuadamente, *dan buenos resultados.* Por otro lado, no vas esperar sentado a que los ejercicios básicos de este programa para Ganar Dinero Creativamente surtan efecto. Vas a acelerar el proceso mediante otros métodos especiales de acción psíquica.

Construye cuidadosamente el ESPEJO NEGRO como se te ha indicado. Es un instrumento importante que usarás con frecuencia en el *Nivel Avanzado del programa para Ganar Dinero Creativamente.*

Todos los días, realiza el PRIMER EJERCICIO DEL ESPEJO con el fin de fortalecer tu relación con la Mente Profunda. El Nivel siguiente te ofrece un medio para observar y cuidar el progreso en esta relación.

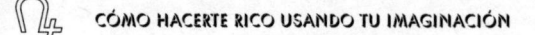

Piensa en la Mente Profunda como si fuera *Ariel*: un personaje juvenil e inocente, muy amistoso y agradable pero con poderes psíquicos misteriosos e incalculables. A este ser ágil y sensible le gusta comunicarse por otros medios además de la palabra. Una sonrisa, un gesto, cualquier señal, fortalecerá la relación.

Para tu propia conveniencia, crea una *rutina* en la manera en que haces el primer ejercicio del Espejo. Si deseas usar velas o inciensos, por ejemplo, úsalos siempre. Toca el Espejo de manera especial; es una señal especial para un amigo. No obstante, si a medida que avanzas sientes de pronto que necesitas modificar en cierta forma las palabras con las que hablas con Ariel –incluso las últimas palabras de agradecimiento–, *deberías* hacerlo; es parte del progreso que lleva de una presentación formal a una relación personal profunda.

Probablemente te intereses en cómo diferentes personas, por otras razones distintas de las de Ganar Dinero Creativamente, también utilizan la RUTINA y el HÁBITO para incluir a la Mente Profunda en sus actos. Si tienes la oportunidad, puedes conversar, por ejemplo, con un entrenador de atletismo o con un profesor de autoescuela. Ambos deben capacitar a las personas para que actúen en diversas situaciones donde no basta con *saber la respuesta correcta*, y en las que deben pasar por alto los procesos lentos del razonamiento. La RUTINA y el HÁBITO en este ejercicio llegan hasta la Mente Profunda por medio del sistema nervioso del aprendiz, permitiéndole a él o ella actuar desde lo que podríamos llamar su «segunda naturaleza».

NIVEL SEIS
Esquema preliminar

El trabajo con el Espejo Negro se verá complementado y favorecido con la Ventana de los Sueños, que te brindará otra ventajosa posición desde donde observar la actividad de la Mente Profunda. De igual manera, le proporcionará al aspecto «Ariel» otro medio importante para que te transmita sus mensajes. Por lo tanto, toda tu relación con la Mente Profunda se beneficiará.

Abrir la ventana es el primer paso necesario, aun cuando nunca antes les hayas prestado demasiada atención a los sueños o creas que ni siquiera sueñas. El secreto es simplemente: *¡comienza a interesarte!*

Para observar los Sueños no hace falta camuflaje ni binoculares. Sigue las sencillas reglas que te damos y anota cuidadosamente todo lo que observes. De esta forma, crearás un diario formidable de tu vida interior que con el tiempo cobrará vital importancia para ti.

Los indicadores oníricos de tu progreso con el Espejo Negro te animarán. No sólo registrarán tus progresos, sino que también lo acelerarán.

¡Eres un observador inteligente y con tus facultades pronto te darás cuenta de lo que estás observando! Debes estar preparado para notar algunos cambios astrales y, sobre todo, debes estar atento a la figura de Ariel.

La comunicación progresiva entre la Mente Profunda y tú será el beneficio perdurable de estos esfuerzos. Te será de gran valor para poner en práctica las técnicas del Nivel Avanzado para Ganar Dinero Creativamente, así como para tu vida en general. Nunca te rindas.

NIVEL SEIS

Observa la mente profunda

Ariel se vuelve cada vez más vivaz ante una dosis mayor de atención y reconocimiento, al igual que cualquier personalidad joven y brillante. Al abrir otra ventana, por así decirlo, a las actividades de Ariel, además de tu trabajo con el Espejo Negro, no sólo podrás seguir el avance de la actividad del Espejo, sino que también podrás estimular ese progreso y, de hecho, mejorar toda tu relación con la Mente Profunda.

Esta otra ventana es la **Ventana de los Sueños.**

Abrir la ventana

Si anteriormente nunca prestaste suficiente atención a los sueños, es probable que pienses que esto te será difícil. Tal vez son pocas las veces que eres consciente de soñar; quizá los sueños que recuerdas parecen un simple reflejo de parte de los hechos ocurridos el día anterior o, por el contrario, es posible que recuerdes sólo imágenes fugaces del sueño, que te parecen pura fantasía y que no tienen relación alguna con tu vida personal. O tal vez tus sueños parecen una mezcla loca de fragmentos sin conexión.

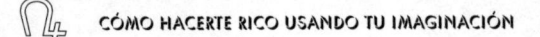

Independientemente de la forma de tus sueños —cada soñador tiene un *estilo* propio—, éstos comenzarán a ser coherentes y claros en el momento en que les prestes ATENCIÓN.

Tal vez eso requiera algún tiempo. Una persona que «nunca sueña» tal vez necesite algunas semanas prestarle atención a su mente dormida antes de obtener un sueño consciente, pero también es probable que la comunicación con la Mente Profunda sea inmediata. Tanto si necesitas paciencia como si los sueños, comprendidos o no, te vienen con facilidad, da ya el **primer paso importante y anótalos en un Diario de Sueños.**

Anota cada sueño después de despertarte, lo antes posible. Los detalles desaparecen muy pronto y son ellos los que a menudo pueden proporcionar pistas importantes sobre lo que te está diciendo la región onírica de la Mente Profunda. Si te resulta imposible escribir el sueño inmediatamente, grábalo en una cinta hasta que puedas escribirlo. Si consideras que te será más fácil recordar un sueño con una ilustración, dibuja un bosquejo si puedes, o grapa o pega fotografías de una revista que reflejen el tono del sueño.

En el momento en que empieces a registrar los sueños, intenta percibir su mensaje general.

Observar los sueños

Para la observación de los sueños hay algunas sencillas reglas que te auxiliarán y que también animarán a la Mente Profunda a comunicarse contigo:

NIVEL SEIS

1. Nunca dejes de anotar un sueño porque esté incompleto o porque parezca demasiado extraño. Es posible que tenga más sentido cuando vuelvas a estudiarlo, aun cuando sólo lo hagas después de unos días.
2. Observa que la Mente Profunda en los sueños «habla principalmente mediante imágenes». Puede coger trozos de todo lo que hayas visto, oído o experimentado alguna vez, igual que haces tú con esos recortes de revistas para reflejar el *tono* del mensaje, o de vez en cuando puede darte una palabra clave importante, ya sea directamente o como una especie de sencilla adivinanza.
3. Date cuenta, también, de que la Mente Profunda no intenta presentarte enigmas ni *ocultarte* su significado. No inventes «interpretaciones» inteligentes de tus sueños. Observa en especial el «sentimiento» del sueño –alegría, tristeza, preocupación o lo que fuere–, y analiza qué te incita a la acción. La SIMPLICIDAD es el secreto para poder entender a la Mente Profunda.
4. No cuentes tus sueños a nadie, ni siquiera a tu mejor amigo. Desde luego que, en general, la gente compara las apreciaciones de sus sueños como si fueran un tema de diálogo común y no hay ningún peligro en ello; sin embargo, tú estás construyendo con cuidado una relación particular con tu Mente Profunda (y con una finalidad muy especial) y quizá ninguna otra persona pueda entender el «lenguaje» de tu Mente Profunda como tú.

Indicadores oníricos de tu progreso con el Espejo Negro

La observación de los sueños se convierte en una actividad fascinante y gracias a ella aprenderás muchísimo sobre ti mismo y sobre tu vida interior; pero ésa no es la única razón para observar los sueños.

Descubrirás casi inmediatamente que a medida que comienzas a anotar tus sueños, tu labor con el Espejo adquiere una nueva vitalidad. Este avance también se producirá en tu vida onírica.

Sin duda, tus sueños continuarán relacionándose con toda clase de temas, pero en ellos encontrarás, al principio, en algunas ocasiones «importantes» y luego con más regularidad, una nueva figura amistosa: una persona que es un buen compañero, deseoso y capaz de resolver los problemas o de ayudarte a vencer las dificultades. Aunque es probable que en tu sueño identifiques, o no, a esa persona con ARIEL, ella es en efecto una expresión de ese aspecto de la Mente Profunda.

La aparición de esta figura es una señal importante de que has establecido la relación que buscabas.

Una vez más, tal vez sueñes con el propio Espejo Negro, con tu aspecto habitual o con algún otro. Es probable que durante las primeras etapas te parezca que hay un velo misterioso entre tú y tu amigo, pero conforme avanzas puede que aparezca una puerta. Piensa en cómo te sientes con relación a ello en tu sueño: ¿Preocupado? ¿Ilusionado? ¿Seguro de ti mismo? ¿O simplemente atraviesas esa puerta o le das la bienvenida a tu amigo en ella sin que te parezca todo raro?

Tal vez mediante esa puerta veas otras personas, escenas o actividades.

Quizá desarrolles un elevado conocimiento del mundo de la psique o tengas premoniciones, ya sea en sueños o en estado de vigilia, o aprecies similitudes que parecen ser más que coincidencias.

Cualquiera de estas cosas son buenos indicadores de tu avance, Ganador Creativo de Dinero. Tu relación y tu diálogo con el aspecto Ariel de la Mente Profunda está dando sus frutos. Estás *preparado para el siguiente Nivel.*

Comunicación progresiva

Como hemos observado, el análisis de los sueños te ofrece una manera maravillosa de evaluar tus progresos en el primer ejercicio del Espejo. No obstante, su utilidad no termina aquí.

Es de gran ayuda, como medio para explorar el estado de tu relación con la Mente Profunda, para mejorar el «diálogo» y para recibir «consejos» de Ariel, sobre todo cuando comiences con las técnicas más avanzadas del programa para Ganar Dinero Creativamente. Por lo tanto, continúa *observando* y anotando los sueños en tu Diario.

A continuación encontrarás en los Puntos de Acción una **Lista de Símbolos Oníricos** que no sólo te ayudará a «interpretar» los impulsos de tu inconsciente relacionados con el primer ejercicio del Espejo, sino que se convertirá en una clave progresiva hacia los sueños producidos por tu trabajo como Ganador Creativo de Dinero.

NIVEL SEIS

Puntos de acción

Quizás a veces tengas un sueño que no te dice nada en especial pero que parece destinado a fijar una imagen determinada en tu atención.

Cuando esto suceda, el mensaje del sueño es la imagen en sí; es un símbolo. Para descubrir su significado, además de buscarlo en la siguiente lista, hay algunos puntos que deberás tomar en consideración.

— ¿Se trata de un símbolo que tiene un significado especial *para ti*, producto de tu experiencia en la vida?
— Aunque tal vez no puedas encontrar un significado para este símbolo, ¿se te ha aparecido en otros sueños? Si así fuese, ¿está relacionado con alguna circunstancia especial?
— ¿Has oído que dicho símbolo tenga algún significado en algún sistema de interpretación especial (tal vez étnico)? Si así fuese, es posible que tu Mente Profunda haya cogido ese significado para tu uso personal.

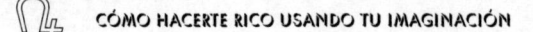

— Al igual que con cualquier otro sueño, debería tenerse en cuenta el *sentimiento prevaleciente,* y en especial el sentimiento asociado con el símbolo. Deja de lado cualquier pensamiento sobre el sueño y recuerda sólo sus emociones. ¿El mensaje parecía ser alegre o tal vez una advertencia o algo para ayudarte a superar una dificultad?

Cualquiera de estos puntos podría modificar el significado del símbolo. Sin embargo, deberás tener en cuenta también el significado que ofrece la siguiente lista. Son muy pocos los significados marcados como *(Pos.)* y *(Neg.)*. En esos casos deberás elegir el significado apropiado de acuerdo con el tono emocional del símbolo: positivo (jovial, esperanzado, vivaz) o negativo (triste, preocupado, acongojado).

Desde luego, es imposible incluir en una pequeña lista todos los símbolos imaginables. No obstante, al leerla y reflexionar sobre ella obtendrás una idea general de la interpretación de los símbolos oníricos, suficiente para poder arreglártelas solo con cualquier símbolo que no esté en esta lista.

Si estás completamente desorientado, no te angusties; la próxima vez que vayas a descansar, ¡pídele a otro sueño que te explique el que no entendiste!

NIVEL SEIS

Lista de símbolos oníricos

ABEJA

    Símbolo de prosperidad. Símbolo famoso en todos los tiempos, representa la labor ardua en equipo que da como resultado una recompensa abundante y compartida.

ABISMO

    Una gran percepción o una fuente de inseguridad que deberás superar.

ACCIDENTE

    En el lado derecho del cuerpo: se te impide que vayas (pie) o hagas (mano) lo que quieres. *En el lado izquierdo del cuerpo:* se te obliga a ir (pie) o a hacer (mano) en contra de tus deseos.

ACRÓBATA(S)

    Si eres el espectador, estas pasando por una situación difícil. *Si tú mismo eres el acróbata,* este sueño probablemente indique intentos espontáneos de proyección astral.

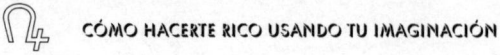

AERONAVE

Hay un problema que sería mejor que no abordaras punto por punto sino que lo ignoraras volando.

ÁGUILA

Poderosa, sublime, de vista aguda, el águila que aparece como símbolo en tu sueño te demuestra que estas palabras te describen de manera figurada *o bien* que debes obtener estas cualidades para aspirar a realizar un proyecto que tienes en mente. Se deduce por lo tanto que, identifiques o no estas cualidades en ti, eres absolutamente capaz de adquirirlas.

AGUJERO

Ver un agujero como símbolo onírico es una advertencia. Ten en cuenta qué tipo de agujero es. ¿Se trata de un agujero en la acera por la que tal vez estás caminando o pasando con el coche, o acaso es un agujero en una tela, que puede simbolizar la trama de tus objetivos urdida con sumo cuidado? De cualquier modo, debes identificar ese boquete y arreglarlo, o bien buscar otro sendero para sortearlo.

AJEDREZ

El juego de ajedrez en un sueño indica una lucha por progresar. Sin embargo, deberás cuestionarte si *Ganar Dinero Creativamente no se está convirtiendo en realidad en un esfuerzo de tu mente racional consciente.*

ALAMBRE DE ESPINO

No debes claudicar de tus buenos planes, pero quizá un obstáculo te obligue a efectuarlos de otra manera y con más tranquilidad.

ALAS

Las alas de la inspiración, del propósito prometedor, de la confianza en tu capacidad de Ganador Creativo de Dinero te llevan hacia las alturas. (Las personas que están desarrollando poderes de proyección astral a veces se encuentran a sí mismos volando en el plano astral y creen que es un sueño, pero en general vuelan *sin alas.*) Las alas son un símbolo especial del poder para «elevarse» por encima de las circunstancias terrenales que a menudo entorpecen a los ganadores de dinero. ¡QUE TENGAS UN BUEN VUELO!

AMANECER

Soñar con el amanecer significa una nueva esperanza, un nuevo comienzo, probablemente, en varios niveles.

ANCLA

Símbolo de seguridad y de fe. Ten fe en los ejercicios para Ganar Dinero Creativamente, fe en tus poderes internos. El significado de este símbolo es: «no claudiques y obtendrás el éxito».

ÁNGEL

Mensajero de una autoridad superior que, en los sueños, viene desde las regiones interiores del propio ser. Pon especial atención a lo que dice, pero utiliza también el sentido común.

ANTEPASADO

Estás observando el pasado en busca de seguridad, aprobación o por tu propio bienestar interior. Escribe si en el sueño encontraste lo que buscabas. Como indicio de acción positiva, piensa quién es el antepasado y qué significan ella o él para ti con relación a tu desarrollo o tu logro personal.

APOCALIPSIS

Los sueños de simbolismo apocalíptico se refieren directa y poderosamente a los cambios de objetivo y de dirección *de tu vida interior*. Si tienes un sueño intenso de este tipo, no hagas nada al respecto. A su debido tiempo se manifestará su significado, aunque los acontecimientos exteriores continúen como antes.

ARCO

Una manera de entrar significativa. Pasar por un arco en sueños indica que comienzas un nuevo enfoque de la vida. Si la parte superior del arco es redondeada o borrosa, no hay dificultades en ese nuevo comienzo. Un arco ojival indica estrés, dificultad o arrepentimiento.

BANDIDOS

Como símbolos oníricos representan una parte incontrolada tuya. ¡No te preocupes! Acechan en cualquier psique sana y, al igual que los microbios que acechan en todo cuerpo sano, *son inofensivos mientras estén controlados.* Es mucho mejor saber que están ahí que no saberlo.

BAUTISMO

Someterse a cualquier ceremonia de este tipo en sueños indica un auténtico comienzo en uno u otro nivel.

CACTUS

Si el sueño muestra un cactus como símbolo, te representa a ti mismo. Otros pueden asustarse con las espinas que exhibes para disfrazar tu corazón tierno, pero no te preocupes: tu tierno corazón sigue estando ahí. Si en el sueño aparece un desierto de cactus, a primera vista esto sugiere un panorama árido que puede causarte cierto desasosiego. Sin embargo, mira más detenidamente. El cactus logra encontrar agua y florecer, de manera que tu también puedes lograrlo.

CADUCEO

Es la Varita de Hermes (Mercurio), divinidad clásica de la comunicación y del comercio. A esta poderosa *imagen de todo lo que contribuye a tu éxito,* que tiene dos serpientes entrelazadas y está coronada con alas, a menudo se la considera un ente vivo por derecho propio.

CAMIÓN

Un camión que anda o que llega significa que recibirás buenas cosas. Aunque se trate de un golpe de suerte inesperado, el medio por el que llegará será mundano y probablemente cotidiano.

CARRERA

En algunos casos del nivel avanzado del programa para Ganar Dinero Creativamente, es probable que sea fundamental llegar primero. Sin embargo, en casi todo proceso para ganar dinero, la velocidad no es esencial. Si se trata de algo en lo que la acción veloz es vital, escribe todos los detalles relativos a este símbolo onírico y piensa cuál es su mensaje para ti. Sin embargo, si no fuese así, posiblemente el significado sea que tu prisa es innecesaria.

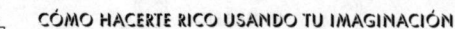

CARRETERA

Generalmente, ir en coche por la carretera es una expresión sencilla de ilusión confiada: ¡el camino al éxito! Este sueño indica que todo marcha bien, aunque tal vez en tu sueño la carretera esté demasiado atestada como para circular cómodamente. Si ése es el sentimiento del sueño, ello indica que es hora de que vuelvas a reflexionar, y que mires a tu alrededor (física y psíquicamente) en busca de nuevos caminos de inversión y emprendimiento.

CAVERNA

Vas a encontrar el camino hacia las facultades más recónditas de la Mente Profunda. Si viste un túnel que salía desde la caverna hacia afuera, «pide» otro sueño en el que puedas investigarlo. Si no has observado otro camino, «pide» poder entender más esa caverna y que luego te enseñe otro camino. Las cuevas y cavernas de la Mente Profunda son realmente ilimitadas.

CEDRO

Símbolo de prosperidad. Árbol conífero resistente que tiene ramas extensas y un aroma vivificante. Su madera y su aceite destacan desde la antigüedad por sus cualidades de conservación. Los significados generales son estabilidad, protección, salud y longevidad.

CEREALES

(Trigo, maíz, centeno, arroz, mijo o cualquier otro cereal comestible.) **Símbolo de prosperidad.** Todos los cereales buenos crecen de manera tan prolífica y son un alimento tan sano que constituyen un símbolo natural de la abundancia. El sésamo merece especial mención como símbolo, no sólo por ser un cereal de alto valor nutritivo sino también porque es la célebre «clave» para abrir la cueva del tesoro del relato de Alí Baba en *Las mil y una noches*.

COFRE

Caja donde se ponen los ahorros. Significa algo que ya tienes o que está por venir y que precisa que lo guardes a salvo.

CONTADOR GEIGER

Es probable que en los sueños de un Ganador Creativo de Dinero sólo represente un dispositivo para detectar determinado tipo de acontecimiento. Véase SONAR.

CORAL

Estás desarrollando tus facultades de una manera de la que aún no eres consciente. En los sueños, el mar representa al inconsciente. El coral es una sustancia hermosa (y a veces preciosa) que crece en el fondo, de modo que, aunque en tus sueños aparezca en crecimiento o simplemente como una muestra, representa sin duda una determinada actividad creativa organizada en tus propias profundidades.

CORTINA

Se te invita a que des un paso hacia adelante y descorras la cortina, pero no seas impaciente: es probable que los acontecimientos psíquicos, o incluso los hechos terrenales, deban madurar antes de que puedas actuar como deseas.

COSTA

Las orillas de un océano o lago, o la margen de un río, si la orilla en la que te encuentras no esta muy por encima del nivel del agua, son todos símbolos de la zona de la psique donde se encuentra la Mente Profunda. Cualquier cosa que, en tus sueños, transcurra en dicha región, reviste una especial importancia para tu trabajo psíquico. Si en el sueño sólo se te ve de pie en la costa, debes buscar su significado, tal vez en el estado de vigilia.

CUELLO DE CAMISA

Si en los sueños llevas un cuello demasiado estrecho o incómodo y no existe una razón aparente para ese sueño, indica que estás *trabajando solamente con la cabeza* y no como persona íntegra. ¡No interrumpas la circulación entre las emociones y la Mente Profunda!

DANZA

Por libre que parezca, toda clase de danza tiene su estilo y sus reglas; lo mismo sucede con el mundo del dinero. Sin embargo, al igual que sucede con la danza, ¡cuanta más experiencia tengas, más podrás disfrutar y divertirte!

DERRUMBE

Éste es un símbolo de inseguridad al que deberás prestar atención. Aun cuando conscientemente no veas ningún motivo para sentirte inseguro (en el trabajo, el hogar, los negocios o para ganar dinero) ni la posibilidad de un derrumbe real, analiza todo con cuidado para descubrir dónde percibes en tu Mente Profunda la amenaza. Si no puedes localizar ninguna razón para alarmarte, sigue actuando como siempre, pero con prudencia, y busca otro sueño que te lo explique. No toda amenaza de peligro que proviene del mundo astral se hace realidad, pero, por el momento, ten cuidado.

DESNUDEZ

Estar en un sueño y descubrir de pronto que no llevas ropa es una experiencia sorprendente, pero no debes asustarte. ¡NO significa, por ejemplo, que te despojarán de todas tus posesiones! Es tan sólo una de esas experiencias oníricas que señalan una etapa temprana del desarrollo de la facultad de proyección astral. Como no estás acostumbrado, tu ser astral salió de manera tan inocente como cuando vino al mundo, sin pensar en la ropa. Lo más probable es que la conmoción del descubrimiento te despertara bruscamente. ¡No hay peligro!

DIAMANTE

Esta piedra preciosa tan brillante y dura representa la integridad elevada de tu ser interior. Aparece en los sueños para confirmar la rectitud de tus aspiraciones o para garantizar que un proyecto deseado por el que trabajas en el plano psíquico se hará realidad en el nivel material.

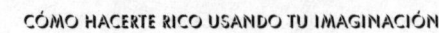

DISCURSO

Oírse a uno mismo o a otro personaje de los sueños pronunciar un discurso es señal de esclarecimiento, de que estás ordenando tus ideas. No te preocupes si no recuerdas nada coherente del discurso; lo importante es que el proceso se está realizando en un nivel profundo donde las palabras por lo general son inútiles.

ECLIPSE

Soñar que algo nos impide ver la luz del sol o de la luna es una advertencia. ¡No dejes de prestar atención al poder y a las propiedades que sustentan la vida de las fuerzas cósmicas!

EL DORADO

La mítica Tierra del Oro es, de vez en cuando, el escenario de sueños agradables. Tomamos a cada paso puñados de oro, plata y piedras preciosas que parecen perfectamente reales hasta que despertamos. Sin embargo, este tipo de sueño es señal de fracaso, de falta de oportunidades materiales para el Ganador Creativo de Dinero. Este sueño demuestra que deberás mirar alrededor y encontrar un uso más productivo para tu talento para ganar dinero.

ENANO

Es probable que pienses en los enanos de los mitos y de las leyendas que poseen maravillosos poderes mágicos. O tal vez pienses en cómo, en la vida cotidiana, las personas de baja estatura a menudo son las más activas y resueltas. Tal vez exista un proyecto tuyo que los atrae, pero vacilas porque parece insignificante. Si el símbolo del enano aparece en tus sueños en este momento, tu proyecto tiene sin duda grandes posibilidades si lo afrontas con energía y decisión.

ESCALERA

En los sueños, la escalera es un símbolo que *invita;* una escalera ascendente te invita a avanzar en este momento: será un ascenso sencillo y ordenado. Una escalera descendente te invita a alcanzar un entendimiento y una comunicación más íntima con la Mente Profunda. No obstante, observar una escalera que asciende y desciende desde el sitio donde te encuentras indica que tú ya eres consciente de los niveles inferiores ocultos y que *ahora* estás preparado para progresar rápidamente.

ESCALERILLA

Como símbolo onírico, la escalerilla es un medio difícil para ascender a un nuevo nivel de consecución. No hay nada de peligro en esa imagen, pero señala que se requiere esfuerzo para alcanzar una nueva meta. Piensa en tu capacidad y, si es necesario, *refuérzala* antes de iniciar el ascenso, pero si estás seguro de tus poderes y preparado para trabajar duro, continúa sin dudar.

ESPEJISMO

El mensaje de este símbolo onírico es sencillo: *No te apresures a actuar en un asunto determinado dejándote llevar sólo por la primera impresión.* Espera a ver cómo se asientan las cosas antes de empezar.

ESTAMPIDA

Ya sea una estampida de ganado, de caballos salvajes o de lo que fuere, este símbolo indica que al parecer se desperdició mucha energía. Probablemente no tengas que preocuparte; tal vez hayas liberado mucha ira contenida que habías acumulado por alguna razón, o mucho desaliento por una oportunidad que no tuviste la libertad de aprovechar. Sea lo que sea, libéralo y relájate; podrás aprovechar esa energía.

ESTANDARTE
Debes tener en claro tu identidad, tus principios, tus objetivos, no necesariamente para el mundo exterior sino por y para ti.

FARO

Señala un peligro que ya percibiste y contra el que has tomado precauciones. Es asimismo una señal de protección y salvoconducto. Todo lo que debes hacer es actuar con prudencia y permanecer donde haya luz y el camino esté libre.

FERROCARRIL
Al igual que la CARRERA, el ferrocarril como símbolo onírico puede sugerir que te ves obligado (o que tu mismo te obligas) a actuar apresuradamente sin necesidad. No obstante, si no hay una sensación apremiante, el sueño supone un progreso continuo sobre vías constantes.

FLECHA
Si eres tú quien lanza una flecha, significa que te ves a ti mismo utilizando la energía y el poder creativo en un nuevo negocio. Si te disparan una, cuídate de los comentarios mordaces.

FOTOGRAFÍA

Durante los sueños, observar una fotografía es como verse en el espejo. No importa quién o qué tipo de persona aparezca en la fotografía, representa una faceta o aspecto de tu personalidad, la conozcas o no. Si la fotografía representa un paisaje o un objeto de la naturaleza –un árbol, un lago, una montaña–, el significado es el mismo. Sea lo que fuere, por algún motivo se te está llamando la atención.

FUEGO

Es una energía y una actividad intensa, reforzadora de vida si está controlado, y destructiva si no lo está. Señala un momento bueno para la acción a todos los niveles. Asegúrate de que el nivel de energía elevado tenga suficientes salidas.

GANADO

Símbolo de prosperidad. Desde los tiempos remotos, el rebaño fue no únicamente un indicador material del poder y prestigio de una persona, sino también un símbolo sobresaliente de vigor, prosperidad e Incremento.

GATO

Los animales en general representan energías, pero el gato ocupa un lugar especial en el simbolismo onírico. El gato es un guía y un mensajero entre los niveles de tu propio ser. Especialmente, el gato negro es una manifestación de la Mente Profunda y puede conducirte a descubrimientos importantes.

GLACIAR

Posiblemente haya una leve percepción de inquietud, una falta de reacción en alguna zona de la psique. La frialdad árida de un glaciar en un paisaje floreciente da una imagen muy clara de ello. Sin embargo, la consciencia poco a poco accionará por sí sola las facultades «aletargadas».

GLOBO

Debes rechazar los detalles emocionales o intelectuales de tus preocupaciones para tener una visión general de la situación y no para escapar de ellas.

GUANTE(S)

El guante o la acción de utilizar guantes en un sueño señala una falta de contacto con la realidad importante. El símbolo nos indica también que ese estado puede corregirse sin dificultades, ya que los guantes *se pueden quitar.* Si no encuentras el contacto que te falta, quizás otro sueño te dé una pista.

HACHA

La Doble Hacha proviene de la antigua cultura minoica, en donde simbolizaba la autoridad matriarcal divina.

HERMANA

Quizás sueñes que una hermana te ayuda en tus actividades para Ganar Dinero Creativamente, cuando en la vida terrenal no es así. El sueño entonces señala, sin lugar a dudas, que alguna actividad tuya existente o en proyecto recurrirá a tus facultades psíquicas y no a tus facultades prácticas. Si en la realidad tienes una hermana que te ayuda, el significado del sueño sigue siendo el mismo; en cualquier caso, debes juzgar según las circunstancias.

HIELO

Ver GLACIAR.

HORMIGA

Un prototipo del trabajo pesado y en grupo. Se te exige un esfuerzo especial que quizás no se te recompense demasiado.

HUERTO

Símbolo de prosperidad. Una parcela de tu actividad bien planeada y organizada avanza hacia el cumplimiento del objetivo previsto.

HUEVO

Si éste apareciera en un sueño solamente como símbolo, sería un recordatorio de la «lucha» esencial. Si algo le sucede al huevo o si hay alguna acción en el sueño que tiene que ver con él, anota y reflexiona sobre lo que esto te dice.

ISLA

Si encontrarse en una carretera repleta significa que deberías ampliar un poco las actividades por cuenta propia, encontrarse en una isla nos indica que quizás debieras convivir un poco más con la gente. No obstante, posiblemente no se referirá al nivel material. Lo importante es *no aislarse* en *el plano psíquico.* Aun cuando de hecho vivieras solo en una isla –que no es lo más fácil de lograr en la actualidad– necesitarías, como Ganador Creativo de Dinero, estar al tanto de las corrientes financieras y políticas, así como de la forma en que viven las personas, se alimentan, se visten y se divierten.

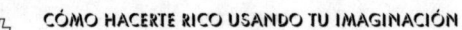

JARDÍN

Representa el área limítrofe donde se une la Mente Profunda con el mundo de la racionalidad. Las imágenes y las actividades no son del todo artificiales o inventadas, pero son más guiadas que espontáneas. El sueño es igual a la vida en estado de vigilia: en un jardín podemos relajarnos sin preocupaciones graves.

JAULA

Si te visualizas a ti mismo en una jaula, el significado es sencillo: algo impide, por el momento, el progreso que anhelas. Si ves a otro ser en una jaula, sólo una *parte* de tu personalidad está frustrada. La naturaleza del ser enjaulado te dirá qué parte de tu carácter representa y entonces podrás planear cómo liberarte.

LABERINTO

Verse en un sueño a uno mismo o a una persona desconocida perdida en un laberinto e incapaz de encontrar el camino correcto significa una verdadera confusión mental, aunque no hay peligro, sino simplemente una necesidad de relajarse, de adoptar otra perspectiva de la situación y de invocar a tus facultades más profundas para que te ayuden a ver dónde se detuvo la razón.

LÁMPARA

Si alguien enciende una lámpara, significa que se aclara un tema que quizá haya estado «oscuro» para ti. Si tú la enciendes, la luz se irradia hacia ti y hacia los demás.

LIBRO

Leer: «El conocimiento es poder». Asegúrate de contar con información *actualizada* acerca de cualquier tema relacionado con tus intereses como Ganador Creativo de Dinero. No importa que la información la consigas de un libro real, un vídeo, un diario u otra fuente.

LIBRO MAYOR

Comprueba tus registros cuidadosamente en busca de una deuda inadvertida, una cuenta por pagar o cualquier error. Ver LIBRO

LINGOTE

Símbolo de prosperidad. Tienes grandes proyectos a niveles profundos.

MANZANA

Necesitas tomar una decisión importante. Debes reflexionar antes de hacerlo, sabiendo de antemano que tienes plena capacidad para elegir correctamente. La manzana es la fruta del misterio. Si cortas una manzana por el medio –en ángulo recto con el corazón–, verás que forma una estrella de cinco puntas. Esta estrella te representa con tus cinco sentidos, pero es también la estrella del misterio y del poder mágico. Ponte en comunicación con la Mente Profunda antes de tomar decisiones importantes.

MAPA

Has alcanzado un punto importante en tu progreso y debes decidir qué camino seguir. En el mundo de los sueños un mapa significa que deberías, en efecto, reflexionar cuidadosamente. Aquí observamos en acción al «destino» y al «libre albedrío». Únicamente puedes tomar uno de los caminos que se abren ante ti, pero la elección depende sólo de ti.

MARMITA DE ORO

La legendaria «marmita de oro al final del arco iris». Esta imagen onírica te advierte que no dejes que todo lo que concibes con tu imaginación creativa se cumpla solamente en el reino de los sueños y la fantasía. Convéncete de que tanto tú como tu talismán atraéis las corrientes de prosperidad que has activado hasta que se hagan realidad en el nivel material.

METEORITO

Si sueñas con la repentina aparición de un meteorito, eso indica la llegada, hoy o en un futuro próximo, de algún factor que es completamente ajeno a lo que hayas imaginado. El sentimiento que se desprende del sueño quizá te proporcione una pauta para saber si la sorpresa es agradable o no. Si no hay ningún indicio, lo mejor es ser paciente.

MIEL

Es un símbolo de prosperidad muy apropiado y antiguo. Significa: el producto de la tierra, el brillo del oro y el dulce sabor del éxito.

MONEDAS

Son el símbolo de la ganancia, pero también es una advertencia contra «no tener grandes proyectos».

MORENA

Si no la asocias con una morena que conozcas, tal vez indique a alguna persona (de cualquier tipo físico) ante la que demuestres debilidad.

MUCHACHO

Es una figura onírica y arquetípica importante. Independientemente de lo que seas –hombre o mujer, empleado o alto ejecutivo–, esta figura representa una parte vital de ti. Te indica que no debes tomarlo todo tan en serio, al menos no todo el tiempo ni de modo tan trágico. Ese muchacho necesita jugar y divertirse un poco o no podrá trabajar bien.

MUERTE

Ningún personaje de los sueños «muere». Quizá nuestra relación con una persona determinada llegue a su fin o sintamos que ha «muerto» un aspecto determinado de nosotros mismos. Pero cualquiera de estos hechos se puede representar de manera simbólica en un sueño mediante un cadáver en apariencia real. *Representa, con toda precisión, cómo se siente una parte de tu naturaleza emocional con respecto a ese tema.* En caso de que tu personalidad consciente sienta lo mismo, no tienes necesidad de soñarlo. Piensa si existe algo que puedas o debas hacer para revertir la situación. Si crees que no es necesario actuar, entonces sólo identifica las emociones que provocaron el sueño. Anímate a afrontarlas y prosigue. (Nota: si un familiar o amigo muy íntimo, alguna vez se te apareciera en un sueño para decirte que ha «muerto» –estas cosas suceden–, este hecho demuestra que todavía está *vivo*.)

MUÑECA

Significa que no estás tomando en serio el desarrollo de tus facultades interiores. Algunas veces esto demuestra un temor a ser perceptivo y sensible a las cuestiones psíquicas, a veces simplemente un hábito de preocuparse por apariencias externas que no se elimina con facilidad.

NAVEGACIÓN

Si sueñas que gobiernas el timón de cualquier clase de navío, grande o pequeño, es una buena señal. Significa que avanzas sin haber perdido el control. Tu consciencia racional te marca la ruta, y lo hace muy bien. Si la nave está protegida por las aguas, significa que la Mente Profunda te respalda con seguridad.

NIEBLA

Si sueñas que estás envuelto por la niebla, significa exactamente lo que parece: no puedes ver adónde vas. Del mismo modo, si intentas avanzar a pesar de todo, es probable que te encuentres en un aprieto. Lo mejor será ser paciente. La niebla no tardará mucho en desaparecer y entonces podrás tener una nueva visión de las cosas.

NIÑO

Ver MUCHACHO.

OBJETOS ANTIGUOS

Profundos deseos de estabilidad, de paz y de estar en un ambiente armonioso. Si posees objetos antiguos, esto te dará comodidad en el nivel material y te ayudará a alcanzar los valores espirituales a los que aspiras.

PÁJARO

(Pos.) Pronto recibirás buenas y benéficas noticias.
(Neg.) Hablar con descuido puede dañar tus intereses.

PERIÓDICO

Es una de las imágenes más literales. No importa si en el sueño puedes leer los titulares o no. Sería estupendo enterarse a tiempo de todas las noticias (impresas en los diarios u orales) durante los próximos días.

PINTOR

Verse a sí mismo como pintor o admirar la obra de un pintor o de cualquier otro artista son símbolos oníricos semejantes que demuestran que posees una verdadera aspiración artística. Sea cual sea la expresión de ese arte, ve qué puedes hacer con ella.

POZO DE PETRÓLEO

¡Éste es realmente un tesoro de las profundidades! No obstante, no debes confundir su naturaleza simbólica. Representa un flujo de poderosa inspiración y creatividad procedente de lo más recóndito de la Mente Profunda. Debes estar preparado para reconocerlo y aprovecharlo al máximo.

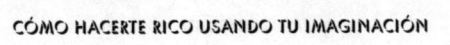

PRECIPICIO
Ver ABISMO.

PUENTE
(Pos.) ¡Nuevas perspectivas, nuevos campos en donde poner a prueba tu talento! Debes avanzar y explorar. *(Neg.)* Necesitarás coraje y cuidado para alcanzar esa perspectiva mejor que deseas, pero lo tienes.

PULPO
Esta imagen da a entender que hay algo en las profundidades de la mente que te asusta. Quizá se deba al poder del factor de tu Mente Profunda para captar la atención, tal vez para apartarla de intereses más actuales, fructíferos o extrovertidos. Únicamente tú puedes decidir si debes tenerle miedo o no, pero no permitas que te aparte totalmente del mundo vital y valioso de la Mente Profunda.

ROSTRO
En caso de que sea el de una persona conocida, debes pensar qué significa esa persona en tu vida o en tu imaginación. Si es un rostro desconocido, debes interpretar el significado por medio de la expresión: alentadora, preocupada, etc. Si el rostro es inexpresivo, sin vida, ésa es otra cuestión. Ver MUÑECA.

SANGRE
(Pos.) **Símbolo de prosperidad.** Circulación sana, renovación, buen nombre. *(Neg.)* Pérdida, desgaste, reputación dañada.

SERPIENTE

Siempre se ha pensado que ver el símbolo de una serpiente en un sueño sugiere una amenaza oculta. Sin embargo, una serpiente con cabeza humana es un símbolo antiguo y poderoso del inconsciente, que significa que el inconsciente tiene un mensaje fundamental para ti. Quizá este mensaje se deduzca del contenido del sueño, o se precise otro sueño para aclararlo.

SOBRE

(Sellado.) Te aguarda una sorpresa. Este símbolo también puede implicar que cierta información que deseas está en la Mente Profunda, pero que no se descubrirá mientras la Mente Profunda no esté lista.

SOL

Símbolo de prosperidad, y uno de los más importantes. El sol o la luz solar representa lo que hace madurar las cosechas y sustenta la vida entera y la gracia terrenal. La aparición, no obstruida, de este símbolo en un sueño es un gran indicador del vínculo fuerte y directo con las fuerzas de la abundancia.

SONAR

De todos los detectores que el simbolismo onírico toma de la tecnología –el contador Geiger, el radar, etcétera–, el sonar es el reflejo más vívido de que la mente consciente sabe que una nueva actividad se agita en las profundidades. Si estás en vías de establecer la comunicación entre los niveles de la psique, este símbolo es una señal muy alentadora.

SÓTANO
> Frecuentemente es una imagen alternativa de la «caverna». Ver CAVERNA.

TAMIZ
> No aceptes ninguna propuesta de negocios reciente ni un plan que hayas formulado hace poco hasta no haberlos analizado detalladamente. Es probable que tu mente consciente esté bastante satisfecha, pero la Mente Profunda prefiere que los tamices.

TECHO
> Si sueñas que el techo está dañado o es inseguro puede ser el resultado de una sensación de inseguridad, sea cual sea la razón. Sin embargo, es probable que indique un sentimiento de la Mente Profunda de que algo diseñado a propósito como protección, se ha convertido en una fuente de peligro. Por lo tanto, tómate tu tiempo para observar tu situación y ver si es así.

TELÉFONO, TELEVISOR
> Cualquier aparato de este tipo que aparezca como símbolo en tus sueños indica una especial actividad por parte de la Mente Profunda para conectarse con tu consciencia a través de la telepatía, la clarividencia o el desarrollo de otras facultades psíquicas.

TIERRA
> *(Pos.)* **Símbolo de prosperidad.** Soñar con la tierra en su estado natural, fértil, floreciente, rica en minerales metalíferos y otros, significa soñar con la fuente material de

todo Incremento. Aun cuando tus ingresos provengan de trabajar en los medios de comunicación, en la decoración de interiores o en las categorías más elevadas del comercio, en algún lugar de la cadena ese ingreso proviene de personas que lo obtienen de la tierra. *(Neg.)* Soñar con cualquiera de los aspectos angustiantes de la situación del mundo natural en esta época, es una señal de la Mente Profunda para que actúes en el nivel consciente en temas ecológicos en general, debido a que la estabilidad de los asuntos materiales está comprometida.

TIRO CON ARCO

Ver FLECHA.

TORRE

Es evidente que para tus intereses relacionados con Ganar Dinero Creativamente necesitas restarles tiempo a muchas otras ocupaciones menos útiles (y a menudo improductivas). Sin embargo, este símbolo en tus sueños te advierte que tengas cuidado de no alejarte mucho de los amigos y de la familia.

TUBERÍA

Te demuestra que eres consciente de una *corriente* de ideas e impulsos procedente de la Mente Profunda.

VADO

Estás abriendo caminos hacia nuevas perspectivas sin perder el contacto con la Mente Profunda y el «sentimiento» de las cosas. Este procedimiento es más seguro que cruzar el «puente», donde sólo te guiaría el sentimiento positivo o negativo del sueño.

VANDALISMO

La propiedad pública dañada siempre es un panorama triste. No obstante, verlo en un sueño demuestra que tienes una profunda aprehensión hacia posibles daños de tus bienes personales de cualquier tipo. Cerciórate, por lo tanto, de que todo está lo más seguro posible.

VAPOR

Ver NIEBLA.

VELA

Si enciendes una vela, siempre es una señal indicadora de los poderes cósmicos. Estás vivo y activo, tienes esperanza y aspiraciones.

VOLAR

Ver AERONAVE.

ZAMBULLIDA

Como hemos mencionado anteriormente, el mar es el símbolo onírico del inconsciente. Soñar que nos zambullimos en el inconsciente supone relajar la mente, reponer las facultades psíquicas, tomarse unas vacaciones breves de los mecanismos de la racionalidad. Cuanto más disfrutes en tu sueño de esta experiencia de la zambullida (y quizá de la exploración submarina), las facultades psíquicas más apreciarán los beneficios.

LA GANANCIA Y LA INVERSIÓN CREATIVA AVANZADA

NIVEL SIETE

Esquema preliminar

Todos tenemos facultades paranormales, las usemos o no, ¡pero los hombres más brillantes del mundo financiero sí las usan! Ellos han desarrollado la capacidad de percibir lo que sucederá y lo que va a ser importante dentro del campo específico de las finanzas, y tú, Ganador Creativo de Dinero, puedes aprender a hacer lo mismo.

Un riguroso test por ordenador reveló –y para muchos fue realmente una sorpresa– las facultades paranormales de algunas mentes brillantes de las finanzas y el comercio. ¡Lograron acertar con exactitud una serie de números *que todavía no existían*!

El resultado de ese examen esclareció este tema. De todos los participantes, los que alcanzaron la puntuación más alta fueron las personalidades destacadas del mundo de las finanzas. ¡Los grandes negocios y los talentos paranormales son socios reconocidos para triunfar!

¿Por qué un talento se considera un talento? El Evangelio según San Mateo está lleno de útiles manifestaciones acerca de los caminos creativos que conducen hacia la prosperidad, y éstos son para *todos, independientemente de* la religión que prefieren. La Parábola de los Talentos, citada en este Nivel, es muy clara: un talento no es algo que ocultar. ¡Utilízalo, no lo desperdicies!

Tienes tres tipos de talentos, pero puedes combinarlos y mezclarlos eficazmente. El talento *práctico* y el *artístico* pueden trabajar bien en conjunto. Los *talentos paranormales* pueden ayudarte a descubrir y a usar los otros y, lo más importante, son los que más te ayudarán como Avanzado Ganador Creativo de Dinero.

El primer paso consiste en **buscar la veta**: usar medios para incrementar la consciencia psíquica corriente y descubrir los talentos paranormales innatos. Este programa te garantiza que encontrarás lo que necesitas para proseguir con tu desarrollo como Ganador Creativo de Dinero.

AUMENTAR LA ENERGÍA PSÍQUICA es el nombre de la formidable técnica de progreso que brindamos a quienes emplean el Espejo Negro.

LA SECUENCIA QUÍNTUPLE DEL PRANA es un ejercicio diferente. Te ayudará a convertirte en un Ganador Creativo de Dinero. Está basada en las enseñanzas de los *Upanisad*. La Secuencia Quíntuple del Prana que aparece aquí es una adaptación sencilla y muy benéfica para el autodesarrollo del buscador occidental que no necesariamente ha estudiado en alguna de las escuelas de yoga.

El dinamismo central de tu trabajo no depende ahora de ejercicios rutinarios, sino que se fundamenta en una actividad concreta para Ganar Dinero Creativamente. Esta actividad te proporcionará el «electromagnetismo» necesario para aumentar y dirigir tu potencial psíquico. Un factor importante es la selección que haga la Mente Profunda de los talentos cuyo desarrollo te será *de gran valor para ganar dinero*.

El tiempo, los hechos y la Mente Profunda forman una combinación importante, que en ocasiones puede resultar un poco compleja. Debes entender la forma en que la Mente Profunda te muestra los talentos y transforma en realidad los acontecimientos futuros o lejanos. La parte activa del proceso consiste en anotar primero, luego tamizar cuando analices el contenido de los sueños y, por último, poner en práctica, en el momento adecuado, el conocimiento que has adquirido.

NIVEL SIETE
Los fenómenos psíquicos y las finanzas

Las personas que están seriamente interesadas en el dinero, es decir, los ejecutivos de las grandes empresas, ¿cultivan en realidad sus facultades psíquicas?

La respuesta es SÍ. Muchos de ellos lo saben y se lo proponen. Muchos otros nunca lo planearon, pero su aptitud natural y su forma de vida los llevaron a desarrollar esas facultades.

Todos tenemos profundas facultades psíquicas naturales. ¡Las facultades de percepción psíquica y de poder están ahí para que tú las utilices! *¡Aprender a usarlas es, en gran parte, aprender a no ocultarlas!*

Las personas que se encuentran detrás de los grandes nombres financieros y del comercio llevan vidas simples y naturales. Tratan de empezar el día relajadas y, generalmente, también se relajan en algún otro momento del día, en especial ante cualquier crisis, ya que de otro modo ello les provocaría una acumulación de tensiones. Cuando los grandes líderes deben tomar decisiones, intentan imponerse el hábito de relajar la mente y el cuerpo antes de volver a analizar la situación y decidir.

Un test riguroso

No hace mucho tiempo se llevó a cabo un test por ordenador en el que participaron varias personas. Entre ellas, las principales personalidades de las finanzas y del comercio internacional.

En este test, se les informó de que se había programado un ordenador para que mostrara una serie de números escogidos al azar, *aunque aún no se había ejecutado el Programa.*

Se les pidió a los interesados que así lo desearan, que anotaran la serie de números que creían que exhibiría el ordenador.

Este examen fue especialmente riguroso. Ninguna mente humana podía saber, por métodos comunes, qué números elegidos al azar mostraría el programa. Nadie, por lo tanto, podía obtener ese conocimiento por medio de la telepatía (por ejemplo) de un programador.

Las series de números ni siquiera existían en el circuito del ordenador, por lo que también estaba descartada la posibilidad de verlas, aun mediante una forma aguda de proyección astral o mental.

En el caso de que alguien tuviera que predecir gran parte de la respuesta, debería adivinarla (algo realmente imposible), o de otra manera, sería el resultado de la previsión de un tiempo futuro cuando la serie de números tuviera una existencia material, después de ejecutar el programa.

El resultado

En el momento en que se ejecutó el programa se notó, como se esperaba, que ninguno de los participantes había acertado toda la serie de números.

Sin embargo, algunos de los participantes tuvieron una calificación tan elevada que descartaba por completo toda posibilidad de coincidencia, *y las puntuaciones más elevadas correspondieron a importantes personalidades de las finanzas.*

Independientemente de la interpretación que se haga de los resultados, éstos prueban que los magnates del mundo de las finanzas y los negocios pueden dominar un grado elevado de facultades psíquicas que sin duda contribuyen a sus éxitos.

Es de notar que la elección de estas personas no dependió sólo de sus facultades racionales, sino también de facultades más profundas, por grandes que fueran sus poderes intelectuales.

Aquí vemos la clara ventaja del Ganador Creativo de Dinero, que puede proponerse desarrollar sus facultades psíquicas hasta lograr mucho poder.

¿Por qué un talento es un talento?

En los idiomas occidentales hay múltiples palabras y significados atribuidos a ellas, que provienen del uso especial que tenían en el Antiguo o el Nuevo Testamento y que se fijaron en la imaginación popular. Una de estas palabras es «talento».

Al principio fue el nombre de una medida de peso utilizada en tiempos remotos por los griegos. A partir de entonces, se transformó en el nombre de una moneda de plata. El nombre de esa moneda se extendió junto con el idioma griego, introduciéndose en la cultura existente en Palestina hace dos mil años. El valor de un talento cambió en diferentes sitios y épocas, pero siempre fue muy elevado. Quizá ningún país tenga una sola moneda de tal valor en la actualidad.

Posteriormente aparece en el Nuevo Testamento (Mateo, 25: 14-30) el relato acerca de varios hombres a quienes se les confiaron cantidades de dinero para que lo invirtieran. A uno de ellos, al que evidentemente no se consideraba el más listo del grupo, se le confió un solo talento. No obstante, tenía tanto miedo de perder esa moneda tan valiosa que, en lugar de invertirla, la enterró.

El resto de la historia no nos interesa, a excepción de la moraleja, que es muy clara: *los talentos han de utilizarse, no enterrarse.*

Si tradujéramos la palabra «talento» a nuestro idioma, sería con el significado de poderes o dones naturales o sobrenaturales, pues evolucionó a partir de este relato en el que se pone de manifiesto que los «talentos» son demasiado valiosos para ser enterrados.

Tres tipos de talentos

Se cree que existen tres grupos de talentos, aunque las divisiones no son definidas y, desde luego, los grupos muchas veces se superponen. Sin embargo, frecuentemente nos referimos a talentos prácticos, artísticos o psíquicos.

Probablemente conozcas tu talento práctico, el cual puede ser un talento especial para el mantenimiento del automóvil, los trabajos manuales, el cultivo de una huerta o llevar la contabilidad de la familia; actividades todas ellas de una naturaleza evidentemente útil y «práctica». A pesar de esto, algunas veces sucede que una emergencia exige un talento práctico insospechado en la persona, y ella o él sorprenden a todos al llevar a cabo con eficacia algo que nunca antes habían intentado.

Por lo general, los talentos psíquicos y artísticos están ocultos, ya sea porque se les desechó durante los primeros años de vida o porque nunca se le ocurrió a nadie –y menos aún al que los posee– que pudieran estar allí. Así, muchas personas tienen talentos insospechados para la pintura, la escritura, el diseño de moda, la música, el teatro, la danza, o cualquiera de las diversas expresiones del arte. Respecto a los talentos psíquicos, aunque hay quienes saben que tienen aptitudes para la clarividencia o la telepatía, o que poseen poderes para predecir y a veces no les importa reconocerlo, por regla general se reprueban estos talentos por ser opuestos a lo «práctico». Sin embargo, es posible que estén en personas muy pragmáticas o que se les dé un uso muy práctico, lo cual constituye un buen ejemplo de la «superposición» de categorías a la que aludimos antes.

Buscar la veta

Las técnicas para Ganar Dinero Creativamente que estás usando han incrementado, hasta cierto nivel, tus facultades psíquicas naturales. Ahora incrementarán la potencia de la energía psíquica para luego dirigirla y desarrollarla con las técnicas avanzadas de la Ganancia y la Inversión Creativas. Esto abrirá más puertas entre los niveles interiores, mejorando la comunicación con la Mente Profunda y agregando un nuevo nivel a tu programa, para lograr, de forma rápida y segura, más Prosperidad e Incremento.

Si utilizas las siguientes técnicas –que en principio fueron diseñadas para fomentar un desarrollo *general* de tus facultades psíquicas–, es probable que resalten un talento psíquico determinado, ya sea la clarividencia, la clariaudiencia, la precognición, etc. Simultáneamente, la Mente Profunda entenderá la importancia del ejercicio y apoyará el dinamismo central de tu trabajo como Ganador Creativo de Dinero desarrollando los talentos psíquicos necesarios para triunfar y alcanzar tu objetivo.

INCREMENTAR LA ENERGÍA PSÍQUICA

Antes de acostarte, pon el Espejo Negro a la vista, con el Talismán del Incremento frente a él, como en el primer ejercicio del Espejo.

1. De pie frente al Espejo, realiza el ejercicio del Signo del Incremento.
2. Siéntate frente al Espejo, toca el Talismán del Incremento con ambas manos y di:

SOY UN GANADOR CREATIVO DE DINERO,
SOY UNO CON LA LUZ DE LA ABUNDANCIA
Y BUSCO LA AYUDA
DE MI MENTE PROFUNDA
PARA CONSEGUIR PROSPERIDAD
E INCREMENTO.

3. Igual que en el primer ejercicio del Espejo, golpea levemente el Espejo tres veces y luego descúbrelo.
4. Piensa en el aspecto Ariel de la Mente Profunda, representado por tu reflejo misterioso. Sonríe y saluda a la Mente Profunda con tus propias palabras y luego di:

OH MENTE PROFUNDA,
DESEO AUMENTAR EL ENTENDIMIENTO
Y LA COMUNICACIÓN ENTRE NOSOTROS,
PARA QUE PROSPEREMOS JUNTOS
A LA LUZ DE LA ABUNDANCIA.
AUMENTA PODEROSAMENTE MI ENERGÍA PSÍQUICA.
PON BAJO MI DIRECCIÓN Y DOMINIO
LAS FACULTADES PSÍQUICAS

NIVEL SIETE

> QUE PERMITIRÁN
> VER CON MÁS CLARIDAD ESTE ESPEJO,
> Y CONVERTIR EN REALIDAD
> TODA OPORTUNIDAD DE INCREMENTO
> QUE NOS BENEFICIARÁ MUTUAMENTE
> EN NUESTRO TRABAJO PARA GANAR DINERO
> CREATIVAMENTE.

5. Cubre el espejo, *sin golpearlo con las manos.*
6. Acostado en la cama, ponte el Talismán del Incremento sobre el pecho y cruza las manos encima de él, una sobre la otra. Relájate.
7. Piensa por unos momentos, *intensamente,* en el aspecto Ariel de la Mente Profunda; luego di:

> OH MENTE PROFUNDA,
> MI BUENA AMIGA Y AYUDANTE,
> AUMENTA MI ENERGÍA PSÍQUICA
> Y AYÚDAME A DESARROLLAR
> TODAS MIS FACULTADES PSÍQUICAS
> QUE NOS BENEFICIARÁN MUTUAMENTE
> EN NUESTRO TRABAJO PARA GANAR DINERO
> CREATIVAMENTE,
> A FIN DE CONSEGUIR PROSPERIDAD E INCREMENTO
> A LA LUZ DE LA ABUNDANCIA.

8. Visualiza el Signo del Incremento en tu frente. Piensa únicamente en ese símbolo hasta que te duermas. Si tu atención se dispersa, vuelve a concentrarla en el Signo.
9. Al despertarte por la mañana, realiza tu rutina de higiene igual que siempre y prepárate para afrontar los retos del mundo. Siéntete bien contigo mismo.

10. Después, de pie delante del Espejo Negro, efectúa el ejercicio del Signo del Incremento.
11. Sentado delante del Espejo, toca el Talismán del Incremento con ambas manos y repite:

> SOY UN GANADOR CREATIVO DE DINERO.
> SOY UNO CON LA LUZ DE LA ABUNDANCIA
> Y CON LA AYUDA DE MI MENTE PROFUNDA,
> FORTALECERÉ PODEROSAMENTE
> MI ENERGÍA PSÍQUICA
> PARA LOGRAR EL ÉXITO ABSOLUTO
> EN EL PROGRAMA PARA GANAR DINERO
> CREATIVAMENTE.

12. Igual que hiciste en el primer ejercicio del Espejo, golpea levemente el Espejo tres veces y luego descúbrelo.
13. Deséale unos amables «¡buenos días!» a la Mente Profunda y luego di:

> MI BUENA AMIGA Y ALIADA,
> TE AGRADEZCO TU AYUDA DE ANOCHE.
> SIGUE FORTALECIENDO MI ENERGÍA PSÍQUICA
> MIENTRAS PROSIGO CON MI TRABAJO PARA GANAR
> DINERO CREATIVAMENTE,
> Y AYÚDAME A DESARROLLAR LAS FACULTADES PSÍQUICAS
> NECESARIAS PARA CONSEGUIR
> DE MANERA ADECUADA
> PROSPERIDAD E INCREMENTO,
> POR NUESTRO MUTUO BIEN
> A LA LUZ DE LA ABUNDANCIA.

14. Descubre el Espejo y después aplaude tres veces.

Para terminar, debes pasar a realizar inmediatamente la *Secuencia Quíntuple del Prana* que detallamos a continuación.

Este método de respiración, que tiene un gran poder para aumentar y distribuir la energía psíquica por todo el nivel astral de tu ser, tiene además otros usos en el programa para Ganar Dinero Creativamente. Por ello te lo damos aquí como una técnica separada.

El Prana es para el nivel psíquico del ser lo que el oxígeno es para todo el cuerpo físico: una fuente de energía y, por consiguiente, una necesidad vital. Desde hace mucho tiempo, la ciencia esotérica oriental y occidental ha conocido y usado de múltiples formas el poderoso vínculo existente entre la respiración física y las misteriosas funciones de la psique.

Según los *Upanisad*, escritos hindúes tradicionales muy venerados, el Prana es la fuerza vital que se transmite y se dirige a través de la propia respiración.

El Prana es el factor básico de la corriente de la vida y de la capacidad de poder y atracción. Por lo tanto, su dominio y su uso son de un interés indispensable para el Ganador Creativo de Dinero.

La Secuencia Quíntuple del Prana

Ponte de pie y relájate.

1. **PRANA, «espirar».**

Inspira con normalidad y espira con fuerza. Al inicio, deja que los brazos cuelguen naturalmente a ambos lados del cuerpo. A medida que comienzas a vaciar los pulmones, puedes inclinar el torso hacia adelante, flexiona un poco las rodillas y pon las palmas de las manos sobre los muslos para ayudarte a exhalar todo el aire que puedas. Esta exhalación debería finalizar en aproximadamente doce pulsaciones de tu corazón. Después continúa con...

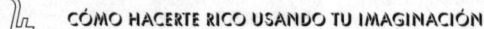

2. **APANA, «inspirar» o «respiración detenida».**

   Después de hacer una pausa de *sólo una pulsación* sin aire en los pulmones, incorpórate otra vez e inspira profunda y naturalmente. Exhala una cantidad de aire normal, inspira otra vez y así varias veces hasta establecer una respiración tranquila y profunda a un ritmo que te sea fácil mantener, como si estuvieras «durmiendo». Continúa respirando a este ritmo para pasar a...

3. **VYANA, «respiración dividida».**

   Al espirar, imagínate claramente que el Prana, la esencia vital que lleva el aire que exhalas, no sale de las fosas nasales o de la boca, sino de la parte superior de la cabeza. En ese punto se divide en dos corrientes que se arquean hacia la derecha e izquierda sobre los hombros, como una fuente, y que descienden a la tierra. Desde ahí, al inhalar se curvan hacia adentro y ascienden de forma pareja por los pies, luego por la línea media del cuerpo hasta llegar a la zona del pecho y el corazón. Cuando vuelves a espirar, sube hasta la cabeza para dividirse y descender como antes. Los dos ciclos continuos del movimiento –*espiración,* en que el Prana sale por la cabeza y cae a la tierra e *inspiración,* cuando el Prana se curva hacia dentro y asciende desde los pies hasta el pecho– abarcan en su fluir a todo el cuerpo.

   Después de hacer todo este doble ciclo siete veces, prosigue con...

4. **UDANA, «respiración ascendente».**

   Mientras continúas respirando rítmicamente, visualiza que el Prana se acumula en los pies. Es probable que en este momento sientas, de hecho, un cálido hormigueo en el empeine. Después, al inspirar profundamente, visualiza que toda la fuerza acumulada es llevada hasta el corazón. Al espirar, grita lo que quieres lograr:

¡PROSPERIDAD! ¡INCREMENTO!

Espira profunda y fuertemente mientras visualizas que el flujo del Prana asciende desde la zona del corazón hasta la parte superior de la cabeza, y desde allí hacia arriba, cada vez más arriba, hacia el espacio. Así llegas a...

5. **SAMANA, «respiración acumulada».**

En la siguiente inspiración, visualiza que la esencia vital se derrama desde las alturas cósmicas y te inunda. El Prana lleva tus palabras, que ahora poseen una potencia inmensa: **Prosperidad, Incremento.** Desciende sobre ti en forma de poder luminoso, abarca todo el cuerpo desde los pies hasta la cabeza y te infunde vida, energía y fuerza vital, con su dicha y magnetismo.

Sigue respirando de forma acompasada y rítmica mientras vuelves al estado de consciencia normal.

El dinamismo central

La Secuencia Quíntuple del Prana tiene una importancia trascendental, por lo que volverás a encontrarte con ella en el programa para Ganar Dinero Creativamente. Respecto al ejercicio anterior –*Aumentar la Energía Psíquica* seguido de *La Secuencia Quíntuple del Prana*–, puedes estar seguro de que la Mente Profunda, sabiendo lo que quieres, pondrá a tu disposición las facultades paranormales necesarias para mejorar tu trabajo en el arte de Ganar Dinero Creativamente.

Lo básico ahora es avanzar hacia las técnicas que te proporcionarán el canal para el desarrollo eficaz de tus facultades. El Incremento y la dirección de tu potencial psíquico no dependen, en este programa, de ejercicios rutinarios, sino de *la intención y de la ejecución concreta de tu trabajo como* GANADOR CREATIVO DE DINERO. La Mente Profunda es consciente de ello y te llevará a conseguir Prosperidad e Incremento, de acuerdo con el dinamismo central de tu trabajo: *ganar dinero en armonía con la Luz de la Abundancia por el bien de todo tu ser.*

No debes realizar este ejercicio más de una vez a la semana. Una vez que has puesto «la máquina en movimiento» en el nivel subliminal, tu trabajo es proporcionar el vehículo para que tu potencial se exprese en *el mundo real.* Por ello, continúa con el siguiente Nivel a fin de canalizar y aplicar tus energías por medio de la acción positiva.

Asimismo, debes de estar preparado para tener sueños interesantes. También debes saber que esta etapa de tu trabajo tal vez revele a tu consciencia posibles talentos mundanos.

El tiempo, los acontecimientos y el Pensamiento Profundo

Si en algunas ocasiones sueñas con hechos futuros o que muestran asuntos actuales, pero que suceden en la lejanía, no te desalientes si al comienzo están mezclados con hechos oníricos que no parecen tener conexión alguna. Es probable que lo que la mente consciente considera innecesario, la Mente Profunda tenga sus motivos para incluirlo.

Cuando la Mente Profunda extrae las imágenes que necesita del gran «álbum de recortes» de tus experiencias vitales –al igual que cuando un niño construye algo en sus juegos–, todo lo que le interesa es obtener el efecto que desea. Es probable que las asociaciones que hace tu mente consciente con ese determinado fragmento no tengan mucho que ver con los «colores y formas» emocionales básicos que la Mente Profunda percibe en él. Debemos también mencionar que aquí las etiquetas de pasado, presente y futuro son también insignificantes.

Sin la menor duda, tu Mente Profunda puede percibir hechos venideros.

En el caso de que el aspecto Ariel de la Mente Profunda crea que lo que necesitas es material profético, sin duda lo incluirá en tus sus sueños. Sin embargo, es probable que al principio, hasta que tengas más practica, se te muestre por ejemplo la felicidad de ese acontecimiento venidero a través de un detalle del casamiento de un primo que tuvo lugar el verano pasado, o con un episodio cuyo final todavía depende de los dioses y que es mucho más reciente.

Estos acontecimientos podrían minar la confianza en las cualidades proféticas reales de tus sueños, aunque no debería ser así. Ésta es una de las razones por las que debes escribir exactamente el sueño, después de reflexionar acerca de él y extraer todas las partes que se puedan atribuir a orígenes conocidos. Varias de las piezas incorporadas pueden proceder de experiencias anteriores y de fuentes diversas; así pues, no debes apurarte. Cuando estés listo, sería conveniente que pudieras tomarte el tiempo necesario para realizar una lista con esos «plagios», después de haber escrito el sueño en tu diario.

Lo restante podría ser el material profético relativamente puro.

También debes tener en cuenta lo siguiente. Si se llegase a cumplir parcialmente el núcleo profético del sueño (por ejemplo, una semana después), no pienses por eso que el resto de la «predicción» es una tontería.

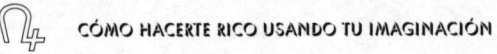

Como ya te habrás dado cuenta, la Mente Profunda tiene un escaso sentido del tiempo. Al llevar un hecho venidero a la consciencia onírica, puede haber visto otro hecho futuro más lejano y habértelos entregado ambos juntos.

Ganador Creativo de Dinero, tu Mente Profunda está realizando las «tareas preparatorias» para descubrir tus talentos. Tu trabajo consiste en registrar y en utilizar los descubrimientos que vayas haciendo según avances en el programa.

NIVEL SIETE

Puntos de acción

Hay dos formas de actuar como las PERSONAS DESTACADAS del mundo del dinero:

Cada vez que amanezcas con preocupaciones o con crisis, *relájate inmediatamente*. Practica y practica hasta lograr que esto sea una acción refleja. Piensa en un animal salvaje que está relajado, pero alerta y preparado para saltar de improviso en CUALQUIER dirección.

DESARROLLA TUS FACULTADES PSÍQUICAS para que te ayuden a resolver problemas y a tomar decisiones. *Relájate y después pregúntale a tu Mente Profunda.*

Junto a los métodos proporcionados en el texto, adquiere una mayor práctica haciendo pequeñas pruebas durante el día. Aunque no deben ser ni muchas ni muy serias. Considéralas un juego. Tómate un momento para «adivinar» cosas, pero no dejes que la mente racional intente descifrar las respuestas. ¿Cuántas personas habrá en el ascensor? ¿Quiénes son? ¿De qué color vestirá la primera persona que te hable en el almuerzo? ¿Cuántas cartas recibiré mañana?

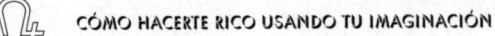

Escribe las respuestas y ve cómo te va. M*ientras continúes trabajando con el Espejo Negro, notarás un progreso alentador.*

EL INCREMENTO DE TU ENERGÍA PSÍQUICA es muy importante para tu progreso. Tu trabajo en este sentido consta de tres partes, seguidas por *La Secuencia Múltiple del Prana*. He aquí un resumen:

Primera parte, *antes de acostarte.*
1. Después de haber puesto el Espejo a la vista, con el talismán delante de él, realiza el ejercicio del Signo del Incremento.
2. Sentado delante del Espejo, toca el talismán y anúnciate a ti mismo:

SOY UN GANADOR CREATIVO DE DINERO...

3. Golpea el Espejo levemente y descúbrelo.
4. Visualiza el aspecto Ariel de la Mente Profunda. Sonríe y salúdalo; luego, dale a conocer tu intención:

OH, MENTE PROFUNDA,

DESEO...

5. Cubre el Espejo. *No aplaudas.*

Segunda parte, *acuéstate en la cama.*

6. Ponte el talismán sobre el pecho. Relájate.
7. Reflexiona durante un momento, *pero intensamente*, acerca del aspecto Ariel de la Mente Profunda, y luego pídele ayuda:

NIVEL SIETE

> OH, MENTE PROFUNDA,
> MI BUENA AMIGA Y AYUDANTE,
> AUMENTA MI ENERGÍA PSÍQUICA
> Y AYÚDAME A DESARROLLAR...

8. Visualiza sobre la frente el Signo del Incremento. Piensa sólo en este símbolo hasta que te quedes dormido.

Tercera parte, *cuando te despiertas por la mañana.*

9. Realiza tu habitual rutina matinal. Siéntete bien contigo mismo.
10. De pie y frente al Espejo, realiza el ejercicio del Signo del Incremento.
11. Ahora, siéntate frente al Espejo, toca el talismán y anuncia para ti MISMO:

> SOY UN GANADOR CREATIVO DE DINERO

12. Golpea el Espejo levemente y descúbrelo.
13. Deséale un amistoso «¡buenos días!» a la Mente Profunda. Después, agradécele su ayuda durante la noche y pídele que te ayude constantemente:

> MI BUENA AMIGA Y ALIADA,
> TE AGRADEZCO TU AYUDA DE ANOCHE.
> SIGUE FORTALECIENDO...

14. Cubre el Espejo y aplaude tres veces.

La SECUENCIA QUÍNTUPLE DEL PRANA, además de aumentar tu energía física y psíquica, también contribuirá a incrementar la interacción entre los diversos niveles del ser: el potencial psíquico con los poderes mentales y también con el cerebro físico y el sistema nervioso, y todos ellos con tu voluntad rectora. La respiración del Prana ayuda, incluso, a mantener abierto el canal hacia las fuerzas cósmicas.

PRANA, «espiración». La primera vez, quizá te parecerá que exhalas todo el aire que puedes. No obstante, y con la práctica, te darás cuenta de que exhalas mucho más. Los músculos del pecho y el diafragma se volverán más fuertes y esta práctica también te ayudará a limpiar los pulmones. Quizás al principio tosas, precisamente por esta necesidad de limpiarlos.

APANA, «inspiración». Esta «respiración detenida» es importante. No la descuides, pero tampoco intentes prolongarla más de una pulsación. Aprenderás a hacerla con suavidad y facilidad. También aquí es cuestión de práctica.

VYANA, «respiración dividida». Este tipo de respiración es de especial importancia para la unión de los niveles sucesivos de tu ser corporal y también, por lo tanto, de tu ser psíquico. Además, distingue, equilibra y une las energías del lado izquierdo y las del derecho.

UDANA, «respiración ascendente». Esta respiración y la Samana proporcionan un verdadero final y un clímax a la actividad del Vyana. Visualiza gráficamente el ligero ascenso del flujo del Prana desde la parte superior de la cabeza, llevando con él los deseos a las alturas.

SAMANA, «respiración acumulada». Al inspirar, el poder descendente inunda todo tu ser, que está preparado, abierto e integrado gracias a los pasos previos de la Secuencia Quíntuple del Prana. Tus aspiraciones vuelven a ti como una *afirmación*. Detente un momento para tomar consciencia de la vitalidad, de la suerte y del magnetismo que has adquirido.

NIVEL SIETE

Continúa con las técnicas de desarrollo que ya conoces:

— El Ejercicio del Signo del Incremento.
— Activar las Ganancias.
— Trabajar con el Talismán del Incremento.
— El Primer Ejercicio del Espejo.
— Aumentar la Energía Psíquica.
— La Secuencia Quíntuple del Prana.

DESCRIBE los resultados de tu progreso. ANOTA los sueños fielmente. Apunta cualquier percepción de hechos venideros que tengas durante las sesiones con el Espejo Negro o en cualquier otro momento.

Créate el hábito de anotarlo todo y *no confíes en tu memoria.* Los detalles exactos de esos hechos pueden ser muy importantes para el Avanzado Ganador Creativo de Dinero y para el Inversor Creativo.

NIVEL OCHO

Esquema preliminar

Tu Mente Profunda te ayudará a lograr el triunfo, tal vez de una forma totalmente inesperada. Pero debes ser muy claro en cuanto a lo que deseas y a lo que pides.

La norma cuando se solicita la intervención de la Mente Profunda para que nos conceda un beneficio material determinado es «**una cosa cada vez**». Si quieres obtener una serie de cosas, planea obtenerlas consecutivamente, una detrás de otra. La otra condición es que *lo que pidas debe ser una necesidad real.*

INFUNDIR LA IMAGEN: PRIMERA PARTE. Ésta es la técnica para conseguir los objetos materiales que quieres por medio de la acción de la Mente Profunda.

Libertad y dominio son palabras clave en cuanto a la actitud que debes tener con respecto a la Mente Profunda. DIRIGE, pero no INTERFIERAS.

Aprende a «liberarte» si deseas que la Mente Profunda trabaje para ti. *¡La preocupación nunca es creativa!*

Para dominar el estrés se necesita determinación y decisión. Si dejas de preocuparte, podrás luchar en el plano psíquico contra las situaciones adversas, pero si cedes a la inquietud, estarás gastando energía e imaginación en el campo equivocado. Aquí te damos algunas indicaciones sencillas.

¿Nada triunfa como la...? RELAJACIÓN es la respuesta correcta.

Ser feliz con uno mismo es una ayuda muy íntima para permanecer relajado. Como parte de la sociedad, ¿cómo te sientes de «satisfecho»?

La prosperidad es una corriente de dos direcciones y no es sólo cuestión de flujo y reflujo en cuanto a los bienes materiales. Lo que haces más allá del nivel material es lo que llena tu vida.

Elige tu círculo de acción. Piensa en lo que todavía te falta y en lo que no has cumplido en tu vida personal. Casi todos tenemos una fantasía oculta que las circunstancias no permitieron que se hiciera realidad. Éste es el momento de que hagas algo positivo al respecto.

Hay muchas zonas de elección que cubren casi todos los aspectos del esfuerzo y del interés del hombre.

Además de las aportaciones materiales, el trabajo psíquico que puedes realizar en favor de la causa elegida es de un valor incalculable.

Muéstrate VIVO a quienes te interesan. La relación emocional o afectiva no lo es todo. Infórmate, directa y personalmente, de todo lo que puedas acerca de la organización que hayas elegido.

Al dar y recibir se multiplica la fuerza de la vida. Tú mismo participarás del flujo de abundancia que produces. Cuanto más integrada en tu vida esté la causa seleccionada, más completa será tu participación en la abundancia.

INFUNDIR LA IMAGEN: SEGUNDA PARTE. Es la técnica del Espejo Negro para Bendecir la Luz de la Abundancia y para recibir a cambio mayores beneficios de la fuente cósmica de Prosperidad e Incremento.

NIVEL OCHO

Infundir las imágenes

En el momento en que la Mente Profunda comprenda lo que esperas de ella, te ayudará a lograr el éxito, y posiblemente te sorprenderá en la forma que lo hace.

Generalmente, si la Mente Profunda te va a ayudar en algún proyecto, es mejor que no la encauces ni siquiera que le sugieras *cómo* obtener lo que te propones. Sólo manténte firme y decidido respecto a lo que quieres.

Una cosa cada vez

Es posible que quieras una caja registradora repleta de dinero, un incremento salarial, nuevos contactos comerciales, un coche nuevo, un local mejor, una casa, un ordenador más actual o, simplemente, dinero extra que te ayude a lograr un objetivo vital.

No importa lo que quieras, sólo asegúrate de que lo que vas a pedir sea algo que realmente *necesitas.* Quizá un deseo frívolo o innecesario no atraiga la atención o la cooperación completa de la Mente Profunda.

Puedes pedir la ayuda de Ariel para un determinado asunto; puede ser todo lo importante que quieras, pero al mismo tiempo sencillo. Planea previamente las palabras con las que harás tu petición, pero que no sea como aquel hombre cuyo «simple» deseo era vivir para ver a su bisnieto comer en platos de oro al compás de una música exquisita.

En el caso de que tengas una serie de deseos, planea lograrlos uno a uno.

INFUNDIR LA IMAGEN: PRIMERA PARTE
(Para recibir beneficios materiales)

Coloca delante del Espejo el Talismán del Incremento, pero no descubras todavía el Espejo.

1. De pie frente al Espejo, realiza el Ejercicio del Signo del Incremento.
2. Después, continúa con la Secuencia Quíntuple del Prana.
3. Ahora, siéntate frente al Espejo, toca el Talismán del Incremento con ambas manos y di:

LA LUZ DE LA ABUNDANCIA ME ENVUELVE,
EL PODER DE LA ABUNDANCIA ME SUSTENTA,
LA VITALIDAD DE LA ABUNDANCIA
INSPIRA MIS ACTOS.
SOY UN GANADOR CREATIVO DE DINERO,
SOY UNO CON LAS FUERZAS
DE LA ABUNDANCIA
Y MEDIANTE EL SIGNO DEL INCREMENTO
PIDO A MI MENTE PROFUNDA
QUE ME AYUDE
A CONSEGUIR PROSPERIDAD E INCREMENTO
POR EL BIEN DE TODO MI SER.

4. Como en el primer ejercicio del Espejo, golpea el Espejo ligeramente tres veces y descúbrelo.
5. Dirige tu atención a la Mente Profunda como se presenta ante ti en el Espejo. *Cualquier saludo que hagas debe realizarse en silencio.*
6. Ahora, en voz alta, confiesa a la Mente Profunda tu amor hacia ella y tu confianza en sus poderes; después, háblale sobre *una sola cosa* que desees obtener y pídele que te ayude a conseguirla.
7. Cierra los ojos. Deja que tu consciencia medite durante un instante sobre lo que necesitas. Imagínalo lo más claro posible para «mostrarle la imagen» a tu Mente Profunda. Piensa en el beneficio que esto traerá a tu vida y en su importancia en el programa para Ganar Dinero Creativamente. Esto es algo que verdaderamente *precisas* para conseguir más adelante Prosperidad e Incremento.
8. Con los ojos todavía cerrados, «saborea» en la mente el objeto de tu anhelo. Si se trata de un coche, imagínate el placer de conducirlo. Si es dinero en efectivo, imagínate contando y sintiendo la textura del dinero o mirando la cifra total con deleite. Obsérvate estrechándole la mano a un nuevo contacto comercial y siente la calidez y la certeza de las perspectivas halagüeñas que comienzan de esta forma. Percíbete con un cheque que indica un aumento de sueldo y siente el orgullo y la prosperidad de la ocasión. O imagínate sentado frente al ordenador nuevo y siente la excitación de su potencial. Lo que deseas, *imagínatelo* y *saboréalo* de la manera más sutil.
9. Abre los ojos. Sostén el Espejo con ambas manos y acércalo ligeramente hacia ti. Mírate en él, sé consciente del aspecto Ariel de la Mente Profunda representado por tu reflejo y di:

MENTE PROFUNDA,
MI PODEROSA AMIGA Y ALIADA,
REALMENTE DESEO Y NECESITO (LO QUE SEA).
AYÚDAME A ALCANZAR ESTE OBJETIVO
RÁPIDAMENTE Y CON SEGURIDAD
POR NUESTRO BIEN MUTUO,
Y QUE AUMENTEN NUESTRAS BENDICIONES
A LA LUZ DE LA ABUNDANCIA.

10. Con el Espejo todavía en tus manos, cierra los ojos. Imagínate ahora que el objeto anhelado aparece en el Espejo. No debería haber ningún «tono» emocional en esto: sólo te estás imaginando «el contacto comercial ideal», «el automóvil nuevo», «una determinada cantidad de dinero», «el cheque que anuncia el aumento de sueldo», «un nuevo ordenador» o *lo que sea*.
11. Sin desviar la atención del objeto deseado, tal como lo imaginaste en el Espejo, visualiza el Signo del Incremento en tu frente. «Ve» ese Signo que cada vez brilla más hasta que se convierte en un halo radiante que envuelve la imagen del espejo con tu deseo. Luego, «ve» al objeto deseado brillar con luz y vitalidad en respuesta al esplendor del Signo del Incremento. Manteniendo en la mente el Signo esplendoroso de tu frente y la imagen luminosa del Espejo, proclama:

¡PROSPERIDAD! ¡INCREMENTO!
ESTAS COSAS SUCEDERÁN.

12. Abre los ojos. Pon el Espejo en su lugar, cúbrelo y aplaude tres veces.
13. Por último, de pie delante del Espejo, realiza la Secuencia Quíntuple del Prana para hacer circular por tu ser las

energías que has despertado y para aliarte una vez más con las fuerzas cósmicas de la Abundancia.

A partir de ahora, esta técnica la puedes utilizar en cualquier fase del programa para Ganar Dinero Creativamente.

Cuando utilices este método para lograr un objetivo determinado, continúa realizando el ejercicio hasta que tu objetivo se cumpla, pero no utilices la técnica más de tres veces por semana: no «aburras» a la Mente Profunda.

Asimismo, mientras usas la técnica para lograr algo en especial, no intentes conseguir otro deseo por medio de este método, *salvo en caso de absoluta necesidad*, hasta no haber conseguido el primero. Actúa paso a paso para evitar disipar las energías psíquicas y a fin de mantener una relación de trabajo clara y simple con la Mente Profunda.

Libertad y control

La ayuda de la Mente Profunda será más eficaz cuando actúe bajo la DIRECCIÓN de tu consciencia racional, pero sin que ésta INTERVENGA.

Es como andar en bicicleta: las ruedas tienen la libertad de girar y llevarte con rapidez, pero tú conservas el control total de la bicicleta.

Es también como la labor de una mecanógrafa experta. Es probable que sus dedos rápidos y certeros se confundieran si su mente consciente se preocupara por el contenido del texto que tiene que mecanografiar. Posiblemente al final del día no pueda decirte nada sobre lo que ha mecanografiado, pero sabrá exactamente qué márgenes puso y qué espacio entre líneas utilizó.

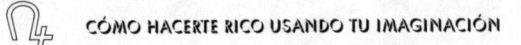

Lo mismo ocurre con la Mente Profunda. Tú le das instrucciones y luego la liberas como a una paloma mensajera para que realice la tarea a su manera.

Aprende a «dejarte ir»

Se trata de algo sumamente importante para ti, no sólo para ayudarte a realizar los ejercicios que figuran en esta obra. Es importante para la acción psíquica que necesitarás para *todas* tus actividades como Ganador Creativo de Dinero. DEBES APRENDER A «dejarte ir».

La Mente Profunda no puede trabajar con toda su capacidad si tus emociones conscientes la asfixian.

Entonces, ¿cómo vas a actuar?

Supongamos, a modo de ejemplo, que quieres utilizar una de las técnicas del Espejo para conseguir una cantidad de dinero. Supongamos que precisas el dinero con urgencia para un fin importante. Si estás demasiado preocupado con el tema, ¿cómo podrás evitar que esa preocupación y esa urgencia te distraigan de tu estado contemplativo?

Como Ganador Creativo de Dinero, nunca deberás caer en una situación tan terrible. No obstante, la respuesta a este ejemplo contribuirá a destacar cuál deberá ser tu punto de vista en las actividades para obtener dinero.

Dominar el estrés

El estrés y la ansiedad tienen un aspecto físico y otro emocional. Es preciso trabajar en primer lugar con el aspecto físico pues es, de todos modos, el más accesible, y también porque posee una llave valiosa con la que acceder al aspecto emocional.

Si te comportas todo el tiempo como un personaje determinado, terminarás sintiéndote como ese personaje y esto te lo puede confirmar cualquier actor profesional. De manera que si tienes un motivo auténtico para preocuparte, no te harás ningún bien a ti mismo ni solventará la situación si caminas de un lado a otro, te retuerces las manos o actúas como una persona vencida por la preocupación. Lo que debes hacer, en cambio, es mantener una actitud optimista.

No obstante, hay algunas indicaciones sobre el aspecto emocional que son útiles en cualquier situación crítica. Medita sobre ellas, para que puedas recordarlas cuando las necesites:

— Por muy seguro que estés del objetivo que te has fijado, evita sentir lástima de ti mismo. La autocompasión es absolutamente destructiva y tú debes ser CREATIVO.
— Tampoco te sientas culpable. Ni por ti mismo ni por nadie debes sentir esa ansiedad que paraliza tu poder para actuar provechosamente.
— Entiende que eres fuerte, no impotente. Tienes el poder de hacer algo y lo estás realizando.
— Realiza la Secuencia Quíntuple del Prana a menudo, para recibir más energía.
— El Talismán del Incremento te puede ayudar. Tómalo, míralo. Di: «Soy un Ganador Creativo de Dinero» y convéncete de que es verdad. Ten el talismán a mano.
— RELÁJATE.

Este último punto, el de la relajación, es sumamente importante, como los otros. La relajación debe ser física y emocional.

Si te encuentras en este momento ante una situación estresante o temes excitarte demasiado, asegúrate de tomar vitamina «B», hierro y otros minerales que tal vez necesites. La actitud interior adecuada es aceptar la realidad de tus emociones y después apartarlas del curso de acción elegido. Una rutina de relajación física te ayudará a lograrlo.

¿Nada triunfa como...?

A veces decimos «nada triunfa como el éxito». Este dicho puede ser verdad. El triunfador cuenta con el capital con el que expandirá sus intereses, y lo que es más importante, puede examinar con facilidad el campo de acción de un modo relajado.

Pero no siempre es así. Algunas veces el triunfador se excita demasiado, e «intoxicado con el éxito», se convierte en una persona engreída y desconsiderada.

Los griegos de la antigüedad reconocieron ese estado eufórico y peligroso y acuñaron una palabra para designarlo: *hubris*. Y demostraron en muchas de sus grandes obras de teatro cómo el orgullo antecede a la caída.

No sólo debes estar tranquilo ante una emergencia. Ante cualquier acontecimiento, aun cuando la Rueda de la Fortuna te lleve a la cima, *manténte relajado*.

NADA TRIUNFA COMO LA RELAJACIÓN.

DEBES ESTAR RELAJADO PARA QUE LA MENTE PROFUNDA

«ANDE EN PUNTO MUERTO».

NECESITAS A TU MENTE PROFUNDA PARA QUE

TE AYUDE EN EL NIVEL AVANZADO DEL PROGRAMA

PARA GANAR DINERO CREATIVAMENTE.

Estar contento consigo mismo

Para estar en paz y con confianza, básicamente debes estar contento contigo mismo. No obstante, es probable que haya cosas que te molesten y que haya que resolver de algún modo.

Estás ganando dinero y ahorrándolo. Cientos y cientos de causas justas te atraen todo el tiempo. No estás obligado a dar dinero. Quizá sientas que en realidad no tienes dinero para dar, ¿pero tienes derecho a ignorarlas?

O en el caso de que dieras tu dinero, ¿acaso tus donaciones ayudarían tanto como te cuestan a ti? Es muy probable que no pudieses dar más que un sello de correos a *todos* los que te piden.

Y sin embargo, dar –sea dinero u otra cosa– es sin duda un acto bueno. Beneficia directamente a quienes das, pero también beneficia a toda la sociedad al mantener la circulación de las corrientes de prosperidad y el intercambio de fuerzas vitales. Y puesto que eres miembro de la sociedad, también tú te vuelves a beneficiar.

La prosperidad es una corriente de dos direcciones

Es ésta una verdad conocida y trillada, pero tú como Ganador Creativo de Dinero puedes ir mucho más allá de ese flujo de las fuerzas de la abundancia. Puedes beneficiar mucho más a la causa o causas elegidas, y a ti mismo, pues eres capaz de activar y hacer entrar en acción a las fuerzas cósmicas y poderosas de la Prosperidad y el Incremento. No se te pide que te arriesgues a matar a tu gallina de los huevos de oro o a destruir tu imán del dinero, tu reserva. Si das algo en el nivel material, está bien, **pero esto sólo será una señal, una sombra de lo que puedes hacer mediante otros medios.** Y lo que hagas más allá del nivel material también derramará más abundancia sobre ti.

Elige tu ámbito de acción

Tu programa para dar debe llegar a ser una parte íntima de tu vida personal. Debe ser un asunto de suma importancia para ti.

Te damos una posible pauta como opción. Es probable que tengas un profundo deseo —muchas personas lo tienen— de hacer algo para lo que no tienes una oportunidad factible, tal vez ni siquiera un talento adecuado. *Casi todos tenemos una faceta muy real de nuestra personalidad que no concuerda con nuestro esquema de vida.*

Hay personas tranquilas que brincan al compás de la música militar. Hay lectores ávidos de relatos del mar que tal vez nunca vieron el mar, y personas que viven en edificios muy altos que sienten que su vida nunca será completa sin caballos. Hay hombres y mujeres solos que añoran a los niños.

El médico cuyas investigaciones vincularon por primera vez al mosquito con la malaria fue un poeta que siempre deseó hacer carrera en el campo literario. Teresa de Ávila, la mística carmelita que se convirtió en líder reformista de su orden, bailaba maravillosamente al son de las castañuelas.

De modo que si tienes posibilidades o afinidades que todavía no has realizado, de ninguna manera estas solo.

Sin embargo, puedes hacer algo positivo y creativo —muy creativo— al respecto.

En primer lugar, elige una causa justa a la que desees contribuir. Elige dos por si las afinidades interiores son demasiado divergentes, pero no multipliques las elecciones. Evitar dispersar los poderes mentales y emocionales, tratando de hacer muchas cosas a la vez, es tan importante como evitar repartir los recursos monetarios.

Manténte firme en tu defensa de la causa o las dos causas que te interesan. Sin duda, habrá otras personas que actuarán de acuerdo con este principio, pero sus elecciones serán diferentes. De modo que por su diversidad, toda clase de causa justa recibe atención y no debes sentirte culpable porque haya alguna causa digna de la que no te ocupes «tú mismo».

Muchas zonas de elección

Existen organizaciones que cuidan de los niños, de los ancianos, de los veteranos de guerra discapacitados, de las víctimas de determinados desastres: terremotos, erupciones volcánicas, inundaciones, huracanes, invasiones, hambrunas. Algunas se especializan en los problemas de un país en especial.

Existen asociaciones de rescate entrenadas y equipadas para trabajar valerosamente en el mar, en las montañas, en la selva o en naufragios. Existen grupos religiosos que enseñan, cuidan y transmiten las tradiciones de su fe. Existen sociedades de publicación y preservación histórica, grupos arqueológicos que investigan el pasado. Existen organizaciones que ayudan a los artistas jóvenes de todo tipo a seguir su vocación elegida.

Hay quienes trabajan para resolver la situación difícil por la que atraviesan los animales domésticos que se han vuelto completamente dependientes de la buena voluntad del hombre. Algunas sociedades concentran sus esfuerzos en una especie en particular: gatos, perros o caballos.

Hay quienes estudian y buscan mejorar la situación de las criaturas salvajes: mamíferos, aves, animales marinos... Y hay quienes trabajan para la conservación de los bosques y de toda la biosfera, de la que depende toda la vida.

Elige, entonces, en función de esos impulsos ocultos de tu naturaleza que por no haberse realizado te lastiman tanto. De ese modo, con lo que des, en el nivel material o en cualquier otro, estarás ayudando a los demás y descubriendo, al mismo tiempo, una manifestación de tu personalidad más completa de lo que de otro modo te permitirían las circunstancias de tu vida.

Más allá de las donaciones materiales

No obstante, como Ganador Creativo de Dinero, no puedes expresar de manera adecuada tu interés sincero por una causa elegida simplemente con medios materiales. Tus poderes para dar en el plano material son limitados, pero SABES que puedes disponer de las grandes fuerzas de la Prosperidad y del Incremento, que trascienden los propios medios terrenales.

Puedes dar una cantidad inestimable a ese interés tan vital para ti, y el primer paso consiste en hacer de ese dar parte de tu vida.

Cada una de las innumerables organizaciones de caridad, y la causa por la cual trabajan, abre a quien está verdaderamente comprometido una perspectiva infinita de intereses.

Algunas de ellas ofrecen publicaciones sobre su labor, pero de todos modos deberías averiguar todo lo posible acerca de su actividad y de los antecedentes de la labor que realizan en pro de la causa elegida.

NIVEL OCHO

Muéstrate VIVO ante quienes te interesan

Si ayudas a niños, querrás informarte sobre sus problemas de salud o sus proyectos vocacionales. Lo mismo sucede con los ancianos. ¿Quizá puedan hacer objetos de artesanía para las que tú podrías ayudar a encontrar un mercado? Averigua en qué campañas lucharon los veteranos y qué medallas ganaron. A los veteranos no les gusta saber que se les considera tan sólo objeto de compasión. Les gusta saber que los demás aprecian y recuerdan lo que ellos hicieron.

Lo mismo sucede con los miembros de los equipos de rescate. Sin duda pueden usar los fondos que reciben, pero también les gusta que se reconozca y se aprecie su labor profesional y a menudo peligrosa.

Haz lo mismo con cualquiera de las otras organizaciones que elijas. Hazles saber que sientes un verdadero interés por su labor. Las organizaciones que cuidan de los animales o del medio ambiente, por lo general emiten boletines u otras publicaciones a las que se puede uno suscribir. De todos modos, profundiza aún más en el tema, lee y averigua todo lo que puedas.

Esto se aplica a la causa que hayas elegido. Cuando sepas lo suficiente y hayas meditado, ¿quién sabe?; quizás algún día se te ocurra algo que les ahorrará dinero o que mejorará su equipo y sus métodos, y entonces les darás mucho más, realmente, que cualquier contribución monetaria que hagas.

Al dar y recibir se multiplica la fuerza de la vida

La técnica siguiente es el complemento de la técnica para Infundir la Imagen. Ambas son parte esencial del proceso de CIRCULACIÓN.

Esta circulación, este dar y recibir, son necesarios para la multiplicación de los beneficios. La generosidad que vuelve a ti, QUE TÚ, GANADOR CREATIVO DE DINERO, RECIBIRÁS, será diez veces, cien veces mayor de lo que diste. Ése es *el principio natural del Incremento,* llevado a la práctica con tu conocimiento del poder de la Mente Profunda y de las fuerzas de la Abundancia.

Puedes iniciar este ejercicio en cualquier momento después de haber empezado a trabajar con la técnica para *Infundir la Imagen: Primera parte.*

Esta técnica es más eficaz cuando se utiliza para las causas que verdaderamente «forman parte de tu vida». Que hayas donado o no dinero a una causa determinada no cambia demasiado las cosas, si bien psicológicamente, es probable que te sientas más comprometido si realizas una aportación monetaria.

INFUNDIR LA IMAGEN: SEGUNDA PARTE
(Bendecir la Luz de la Abundancia)

Coloca el Espejo a la vista con el Talismán del Incremento delante de él. No descubras el Espejo todavía.

Puesto que la causa en cuestión es de suma importancia para ti, asegúrate de lograr un estado de relajación absoluta antes de proseguir.

1. De pie delante del Espejo, realiza el ejercicio del Signo del Incremento.
2. Realiza ahora la Secuencia Quíntuple del Prana.
3. Sentado delante del Espejo, toca el Talismán del Incremento con las manos y di:

NIVEL OCHO

SOY UN GANADOR CREATIVO DE DINERO,
SOY UNO CON LAS FUERZAS
DE LA ABUNDANCIA;
RUEGO A MI MENTE PROFUNDA
QUE ME AYUDE
BENDICIENDO MI CAUSA ELEGIDA,
PARA QUE HAYA UN MAYOR FLUJO DE LOS
BENEFICIOS DE LA ABUNDANCIA
Y MÁS PROSPERIDAD E INCREMENTO,
POR EL BIEN DE TODOS
Y POR MI PROPIO BIENESTAR.

4. Como en el primer ejercicio del Espejo, golpea el Espejo suavemente tres veces y descúbrelo.
5. Piensa en la Mente Profunda, representada por la imagen tuya en el Espejo. *Cualquier saludo que hagas debe ser en silencio.*
6. Cierra los ojos. Deja que tu consciencia medite durante un instante sobre la causa elegida. Deja que todo el conocimiento y entendimiento acumulado sobre la materia vaya a tu consciencia, aunque no hayas profundizado en él.
7. Abre los ojos. Toma el Espejo con las manos y acércalo ligeramente hacia ti. Mirando el Espejo, toma consciencia del aspecto Ariel de la Mente Profunda. Transmite ahora a la Mente Profunda, por medio de la meditación, lo que has aprendido sobre el tema, reflexionando sobre la causa elegida mientras miras el Espejo. Imagina al mismo tiempo el Signo del Incremento sobre tu frente: se vuelve cada vez más brillante hasta que en tu imaginación su resplandor inunda todo el Espejo. Mantén los ojos abiertos durante todo este proceso.

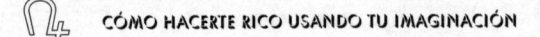

8. Cuando hayas terminado de transmitir todo a la Mente Profunda, y permaneciendo todavía muy consciente del brillo del Signo del Incremento, di:

BENDIGO ESTA EMPRESA
EN EL NOMBRE Y EL PODER DE LA ABUNDANCIA
PARA QUE FLOREZCA,
PARA QUE SE ENRIQUEZCA ESPIRITUAL
Y MATERIALMENTE,
Y RECIBA YO LA BENDICIÓN RENOVADA
DE LA FUENTE CÓSMICA DE PROSPERIDAD
E INCREMENTO.
QUE EL INTERCAMBIO VITAL DE DAR Y RECIBIR
CONTINÚE PARA SIEMPRE
CADA VEZ EN MAYOR MEDIDA.
QUE ASÍ SEA.

9. Pon el Espejo en su lugar y tápalo; después, aplaude tres veces.
10. Finalmente, de pie delante del Espejo, realiza la Secuencia Quíntuple del Prana.

NIVEL OCHO

Puntos de acción

Vas a PEDIR, y a RECIBIR, un objeto material que necesitas mediante la acción de la Mente Profunda.

Es probable que te vengan a la mente muchas *cosas que realmente necesitas*. Ordénalas, en lo posible, de manera consecutiva. (Si *primero* obtienes un nuevo coche, puedes pedir *a continuación* una nueva expansión de tus negocios que requiera usar el coche. O si quieres construir una casa, probablemente pide *primero* un terreno, y así sucesivamente. Una vez que hayas decidido cuál es tu prioridad, prosigue.)

INFUNDIR LA IMAGEN: PRIMERA PARTE es un ejercicio con el Espejo para buscar (y recibir) lo que de verdad necesitas. Ésta es una síntesis de la técnica:

1. Haz el ejercicio del Signo del Incremento.
2. Continúa con la Secuencia del Prana.
3. Sentado, toca el Talismán del Incremento y di:

LA LUZ DE LA ABUNDANCIA ME ENVUELVE,
EL PODER DE LA ABUNDANCIA ME SUSTENTA,

LA VITALIDAD DE LA ABUNDANCIA
INSPIRA MIS ACTOS.
SOY UN GANADOR CREATIVO DE DINERO...

4. Golpea suavemente el Espejo tres veces y destápalo.
5. Piensa en el aspecto Ariel de la Mente Profunda. *Cualquier saludo se debe hacer en silencio.*
6. En voz alta, háblale a la Mente Profunda de tu amor y confianza y de lo que deseas (debe ser *una sola cosa*). Pídele que te ayude a obtenerla.
7. Cierra los ojos. Medita sobre lo que precisas. «Muestra la imagen» a la Mente Profunda con claridad.
8. «Saborea» mentalmente el objeto de tu anhelo.
9. Abre los ojos. Con el Espejo en la mano, toma consciencia del aspecto Ariel de la Mente Profunda y luego di:

OH, MENTE PROFUNDA,
MI PODEROSA AMIGA Y...

10. Cierra los ojos. Imagina que lo deseado aparece reflejado.
11. Visualiza el Signo del Incremento sobre TU frente. Su brillo aumenta e irradia la imagen de tu deseo en el Espejo. Con esto en la mente, di:

¡PROSPERIDAD! ¡INCREMENTO!
ESTO SE HARÁ REALIDAD.

12. Abre los ojos. Pon el Espejo en su lugar, tápalo y aplaude.
13. Para terminar, realiza la Secuencia del Prana.

Debes estar completamente SEGURO de lo que quieres y del hecho de *que lo conseguirás*, pero no intentes dirigir ni sugerir siquiera la manera en que vendrá a ti. Deja que la Mente Profunda encuentre el modo de hacerlo.

Aprende a dejarte ir, a liberarte *«como liberarías a una paloma mensajera»*. Esto es fundamental en todas las actividades para Ganar Dinero Creativamente.

Actúa con calma, como primer paso para sentirte tranquilo.

Piensa en las seis «indicaciones» que debes tener en cuenta sobre el aspecto emocional del estrés:

— Evita la autocompasión. Debes ser creativo.
— No dejes que los sentimientos de culpa te estorben.
— Convéncete de que eres fuerte y de que actuas con poder.
— Usa a menudo la secuencia del Prana.
— Usa el talismán.
— Relájate.

Recuerda que no son sólo las malas noticias las que provocan el estrés. *Como Ganador Creativo de Dinero, ¡debes aprender a tomarte la buena suerte con calma también!*

Si aún no tienes una «causa justa» favorita, reflexiona detenidamente acerca de estas sugerencias: ¿Qué haría tu vida más completa? Eres completamente libre de elegir y, como verás, ¡esta decisión nunca deberá restarle un céntimo a tu presupuesto!

Acumula CONOCIMIENTO sobre la causa elegida y súmalo al tono emocional que ya tienes. Medita sobre esto en tu mente, de manera firme pero controlada. Luego procede a…

INFUNDIR LA IMAGEN: SEGUNDA PARTE. Es el ejercicio con el Espejo por medio del cual podrás invocar a la abundancia para que actúe en la empresa elegida y en ti mismo, en tu relación con las fuerzas de la Prosperidad y del Incremento. Ésta es una sinopsis de la técnica:

1. Haz el ejercicio del Signo del Incremento.
2. Prosigue después con la respiración del Prana.
3. Sentado, toca el talismán y di:

> SOY UN GANADOR CREATIVO DE DINERO,
> YO SOY UNO CON LAS FUERZAS
> DE LA ABUNDANCIA,
> Y MEDIANTE EL SIGNO DEL INCREMENTO
> RUEGO A MI MENTE PROFUNDA...

4. Golpea suavemente el Espejo y destápalo.
5. Piensa en el aspecto Ariel de la Mente Profunda. *Cualquier saludo se debe hacer en silencio.*
6. Cierra los ojos. Reflexiona sobre la causa elegida.
7. Abre los ojos. Con el Espejo en las manos, traslada, por medio de la meditación, los conocimientos recabados sobre la causa elegida a la Mente Profunda. Al mismo tiempo, imagina el Signo del Incremento sobre tu frente: se vuelve cada vez más brillante hasta que en tu imaginación irradia la imagen del Espejo.
8. Una vez finalizada la transferencia de las ideas e imágenes, y todavía consciente del resplandor del Signo del Incremento, di:

> BENDIGO ESTA EMPRESA
> EN EL NOMBRE Y EL PODER
> DE LA ABUNDANCIA
> PARA QUE FLOREZCA.
> PARA QUE...

9. Vuelve a colocar el Espejo en su lugar, cúbrelo y aplaude.
10. Para terminar, haz la Secuencia Quíntuple del Prana.

NIVEL NUEVE

Esquema preliminar

Quizás el inversor en potencia se contente tan sólo con invertir, dejando todos los conocimientos prácticos a los demás. Sin embargo, el Inversor Creativo debería hacer –y hará– mucho más que eso.

Necesitas conocimientos de todo tipo sobre hechos relacionados con tu programa para ganar dinero. Todo lo que aprende la consciencia racional llegará a la Mente Profunda, que necesita este material para trabajar con él.

No te acobardes si muchos de los contenidos de un boletín financiero «te superan» al principio. Ten paciencia y poco a poco el cuadro se irá aclarando.

El conocimiento viajará **desde la mente consciente hasta la Mente Profunda**, y luego ésta lo relacionará con otras esferas de conocimiento que ya posees. Este entendimiento ampliará tu percepción del *mundo vivo del dinero*.

Infórmate sobre las empresas en las que has depositado tus inversiones. Averigua todo lo que puedas acerca de sus actividades y *comprométete de verdad.* Deja que la imaginación estimule a la Mente Profunda, y luego pide su intervención.

Bendice tus inversiones, en especial si necesitan un incremento o si parecen estar amenazadas. ¡Forman una parte muy concreta de tu vida!

Vuélvete «independiente»: mirando más allá de los caminos trillados de la inversión, puedes estar atento a la posibilidad de un invento o descubrimiento.

Tal vez sea necesario apalabrar una compra si el descubrimiento que te interesa no está abierto todavía a la inversión.

PROCEDIMIENTO DE APALABRAMIENTO a fin de mantener la Mente Profunda sobre la pista del progreso de un invento o descubrimiento importante.

El método de seguimiento está diseñado para mantener a la Mente Profunda al corriente del tema, sin comprometer de manera innecesaria a la consciencia racional.

Demasiados indicadores adornan el camino de la inversión: folletos publicitarios, noticias, previsiones de mercado... ¿En cuál de todos confiar?

El bosque y los árboles: tú precisas toda la información —»árboles»— que puedas conseguir, pero es tarea de la Mente Profunda encontrar para ti la mejor «manera de atravesar el bosque».

Información interior. La Mente Profunda te hará saber de vez en cuando que tiene noticias que darte. Tal vez puedas averiguar la razón de esto con facilidad, o tal vez no. Necesitas un método para pedirle a la Mente Profunda más información.

PREGUNTAR A LA MENTE PROFUNDA es un ejercicio avanzado con el Espejo a fin de informarte sobre un tema en especial.

Ten cuidado con el contenido emocional de las sensaciones que recoge la Mente Profunda. ¡Debes reconocer su origen!

Y después es probable que la Mente Profunda tenga más boletines de noticias que darte sobre el tema que buscas.

Con claridad y sin prejuicios se comunicará la Mente Profunda contigo sobre los asuntos que te interesan, si mantienes abiertos los canales.

La «suerte del principiante», cuando estás lejos de serlo, es un gran beneficio que te confieren las técnicas para Ganar Dinero Creativamente.

Palabras finales sobre un tema siempre vigente: tus progresos como Ganador Creativo de Dinero.

NIVEL NUEVE
El inversor creativo

Muchas personas se convierten en inversores por el simple hecho de depositar el dinero ahorrado en una compañía de inversiones o en un banco, que, como uno de sus servicios, prestará el dinero para diversas transacciones importantes y así obtener las mejores tasas de interés posibles con la máxima seguridad. Estas instituciones conocen por lo general su trabajo, y los inversores pueden (y a menudo lo hacen) dejar de reflexionar sobre esta cuestión excepto para tomar nota de los dividendos módicos pero constantes que aparecen en sus estados de cuentas.

Para empezar, no hay ninguna razón por la que no debas invertir de este modo; no obstante, el alcance y el potencial de tu actividad como Ganador Creativo de Dinero deberían ir mucho más lejos.

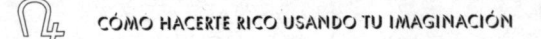

Necesitas conocimiento

La Mente Profunda trabajará con el material del que dispone. Lo que la consciencia racional aprende y aquello en lo que se interesa trascenderá a la Mente Profunda, que a su manera lo procesará. Por ende, deberías estudiar de manera sistemática una o dos publicaciones sobre cuestiones financieras; si todavía no lo haces, deberías hacerlo ahora.

No te acobardes

Si en este momento estas leyendo por primera vez una de estas publicaciones –*The Wall Street Journal* por ejemplo, aunque esto es también válido para cualquiera de las publicaciones más «populares»– es probable que al principio te horrorices ante la cantidad de páginas que no te interesan ni tienen sentido para ti.

Sin embargo, en esto, como en muchas otras cosas, *ten paciencia*. Una publicación de este tipo está dirigida a varias clases de lectores con muchos intereses diferentes. Seguramente haya uno o más artículos que puedas leer y que capten tu atención. Tal vez al principio traten sobre una curiosa diversidad de temas, pero eso no tiene importancia. Lo que importa es que te estás acostumbrando, te estás integrando consciente e inconscientemente con el público financiero.

Desde la Mente Consciente a la Mente Profunda

De vez en cuando, echa un vistazo a las listas de las fluctuaciones de los valores y las acciones; algunas comenzarán a llamarte la atención. Habrá también artículos que expliquen *por qué* el mercado cambia en tal o cual aspecto.

Las razones fundamentales de estos cambios y la relación del mundo financiero con el mundo en general, deberían ser de sumo interés para ti. Tal vez te ayuden más que cualquier otra cosa a percibir la «vitalidad» del mercado financiero, tu unión con el flujo y reflujo de los acontecimientos del mundo en general.

TU IMAGINACIÓN RESPONDERÁ A ESTO
Y COMPROMETERÁ A SU VEZ
A LA MENTE PROFUNDA.

Conoce las empresas

Si una entidad invierte su dinero por ti, seguramente desearás saber todo lo posible sobre la sociedad en cuestión y sus actividades. Por lo tanto, si ves alguna referencia sobre ella —ya sea por su nombre o por su esfera general de producción o comercialización— en alguno de esos periódicos financieros, puedes adoptar un inteligente interés personal en el asunto. Así estarás realmente comprometido, tanto en el plano mental como en el emocional.

La Mente Profunda debe sentirse estimulada para pasar a la acción y para poder ser *creativa* con más dinamismo.

En el Octavo Nivel aprendiste el ejercicio avanzado y poderoso del Espejo: *Infundir la Imagen, segunda parte.* Esa técnica, como se indicó, es más eficaz cuando se emplea para una causa que de verdad forma parte de tu vida. *El dinero también forma parte de tu vida, y tu inversión es de gran interés personal para ti,* de modo que puedes invocar la participación de la Mente Profunda con tanto poder y energía en este asunto como en aquel otro.

Bendice tus inversiones

Quizá desees invertir una suma adicional en la entidad donde mantienes tus inversiones más importantes o productivas, o tal vez alguna noticia parezca amenazar a una de ellas. Dispones de un cauce de acción positivo: bendice tus inversiones empleando la técnica para *Infundir la imagen, segunda parte* de la misma manera que en el Octavo Nivel, pero con una excepción: reemplaza la oración del apartado 3 por la siguiente:

> SOY UN GANADOR CREATIVO DE DINERO,
> SOY UNO CON LAS FUERZAS
> DE LA ABUNDANCIA
> Y MEDIANTE EL SIGNO DEL INCREMENTO
> RUEGO A MI MENTE PROFUNDA
> QUE ME AYUDE
> BENDICIENDO LA EMPRESA ELEGIDA,
> QUE ESTIMULA LA PROSPERIDAD,
> CONTRIBUYE AL BIEN COMÚN,
> ES RECEPTÁCULO DE LAS GANANCIAS ADQUIRIDAS
> Y FUENTE DE INCREMENTO PARA MÍ
> Y PARA MUCHOS OTROS.

No olvides utilizar el método *para Activar las Ganancias* cuando recibas los dividendos o el estado de cuentas bancario que te informe sobre ellos.

NIVEL NUEVE

Volverse «independiente»

A consecuencia del uso de los diversos ejercicios para Ganar Dinero Creativamente, descubrirás que la Mente Profunda funciona formando equipo con la consciencia racional. A estas alturas, las ideas que emerjan de pronto en tu pensamiento consciente no deberán ser incongruentes, sino que deberán estar relacionadas con el tema que te interesa.

Por ejemplo, supongamos que una noticia no muy relevante anuncia la invención de una nueva máquina o procedimiento técnico. Quizá todavía el campo de aplicación sea en apariencia limitado, pero la Mente Profunda puede relacionarlo al instante con una industria que has estado analizando; entonces sentirás de qué forma ese invento podría transformar esa industria y cómo otras personas, además de ti, se darán cuenta de lo mismo. ¡Ésta es tu oportunidad de «tomar una posición ventajosa».

Con toda razón, podrás decidir que éste es el momento de transformarte en un Inversor Creativo «independiente».

Tal vez pienses que no tiene sentido tocar los valores colocados en una sociedad de inversores, pues ellos constituyen por derecho propio una eficaz hucha magnética.

Entonces, te comunicas con un corredor de bolsa y averiguas qué puedes comprar dentro de lo que te interesa.

Si deseas comprometerte en el desarrollo de un invento o descubrimiento, tal vez sea demasiado pronto; las acciones públicas probablemente no coticen en la bolsa aún. Sin embargo, puedes mirar hacia el futuro y pensar qué posibilidades estarán a tu alcance cuando llegue el momento.

Mientras tanto, si todavía insistes en esa empresa determinada, puedes trabajar en ella.

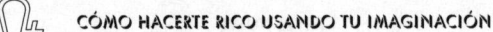

«Apalablar» una compra

Seguramente le habrás pedido a tu corredor de bolsa que observe esas acciones. No obstante, como Inversor Creativo, desearías poder confiar en algo más que eso. Tal vez tu corredor de bolsa se encuentre demasiado atareado con los negocios de muchos otros clientes. Una vez más, cuando lo que te interesa empiece a producirse, tal vez haya cambiado de nombre varias veces o sea el componente de un producto más grande y complejo; o tal vez hayas tomado nota del nombre del inventor, pero éste haya vendido más tarde los derechos a otra persona más preparada para que lo desarrollara y lo comercializara.

De todos modos, existen varias razones por las que vale la pena seguir con atención este negocio en el plano psíquico y mediante métodos terrenales. El recorte de un diario es un buen «vínculo», sobre todo si puedes conservar el primer anuncio o la primera señal que viste sobre dicho invento o descubrimiento.

PROCEDIMIENTO PARA APALABRAR

Permanece de pie durante todo el ejercicio.

1. Pon el recorte sobre una mesa mirando hacia arriba.
2. De pie delante de la mesa, realiza la Secuencia Quíntuple del Prana.
3. Dibuja con tu mano derecha el Signo del Incremento, horizontalmente sobre el recorte.
4. Cierra los ojos. Pon la palma de la mano derecha en tu frente e imagina el Signo del Incremento sobre tu frente. El Signo se vuelve cada vez más brillante y carga tu mano derecha con calor y vitalidad. Deja que la mano se cargue hasta que puedas sentir un cosquilleo.

5. Abre los ojos. Todavía consciente del Signo en tu frente, pon suavemente la mano derecha sobre el recorte, con el centro de la palma sobre lo que *para ti* es la parte más importante del texto.
6. Sin quitar la mano de allí, evoca con claridad el invento o el producto que representa el recorte y luego di:

    ESTO ES PARA MÍ.

7. Por último, aplaude tres veces para salir del estado contemplativo.

El método de seguimiento

Cuando hayas terminado un ejercicio de este tipo, no guardes el recorte en un cajón, ni siquiera en tu cartera, a menos que pienses sacarlo y observarlo varias veces durante el día.

Un lugar adecuado para ponerlo es en la puerta del armario: dentro o fuera, como te sea más conveniente.

La idea es tener el recorte en un lugar donde lo puedas ver permanentemente. Algunas veces lo mirarás a propósito y pensarás en lo que significa para ti. Otras lo verás sin prestarle demasiada atención consciente, como cuando vas al armario a buscar algo o cuando sacas la cartera para mostrar el documento de identidad. Esos vistazos «apenas conscientes» son los momentos en que el recorte recordará mejor a la Mente Profunda el tema y lo que tú deseas.

De esta manera no corres peligro de impacientarte u obsesionarte con el objeto deseado. Manténte receptivo en los niveles más creativos mientras el resto de tu mente puede ocuparse de otros asuntos.

Éste es un buen ejemplo de cómo «ir en punto muerto».

Demasiados Indicadores

Con frecuencia, en el momento de invertir en forma independiente, te interesarás en sociedades establecidas y célebres. Pero, ¿en cuál?

Es probable que a veces te encuentres rodeado por una masa de folletos publicitarios, noticias, rumores, pronósticos contrarios de fuentes diferentes y el consejo sincero de quien puede estar o no bien informado. Tal vez te preguntes qué consejo (si lo hubiera) deberías seguir y si sería aconsejable agregar los dictados de la propia Mente Profunda a ese coro de voces.

Es aquí precisamente donde el consejo de tu interior te es indispensable.

Muchas personas con aptitudes financieras quizá nunca hayan oído hablar de cómo Ganar Dinero Creativamente, pero NO resuelven ese tipo de situación mediante simples procesos racionales, aunque por lo general imaginen que sí.

A modo de ejemplo, podemos encontrar algunas similitudes entre dos formas populares de adivinación.

Suponiendo que sepas muy poco sobre la quiromancia, ¿has cogido alguna vez un libro sobre el tema e intentaste usarlo para leer tu mano?

Quizá hayas descubierto que tienes una disposición natural para ello, pero lo más probable es que te haya resultado una experiencia desconcertante. Un buen libro te permitirá identificar con facilidad las líneas y otras características de la mano. Pero incluso esas características quizá en tu caso signifiquen cosas que el libro no tiene en cuenta, ¿y las líneas y marcas que probablemente el libro ni siquiera menciona? ¿Acaso no tienen significado también?

Si el autor de ese libro o algún otro quiromántico experto estuviera leyendo tus manos, no habría tal dificultad. Él observaría cualquier configuración desconocida en relación con toda la mano (y en relación contigo), meditaría sobre ello y en un destello de percepción «vería» lo que significa.

Una vez más, piensa en la importancia que la tiene en la astrología la interpretación. A veces —en general por curiosidad— una persona encarga por correo un «análisis» de su carta astral. En el informe que recibe se considera cada planeta por separado, se exponen lisa y llanamente sus posiciones en la carta astral y se explican las características personales que esas posiciones implican. Es probable que el receptor sienta que cada perfil planetario es un retrato justo pero parcial, ¿pero qué quiere decir todo esto?

Un astrólogo experimentado podría combinar todas estas posiciones planetarias en un diagrama, pensar en cómo están relacionadas entre sí y en qué aspectos. Aun así, habría una gran cantidad de información, parte de ella tal vez incompatible. A veces «las líneas se cruzan», como dice el *I Ching*. Sin embargo, gracias a una chispa de intuición —un «juicio instantáneo» lo llamaría el astrólogo— él o ella obtienen pronto las respuestas a algunas preguntas importantes. Aún habría puntos sutiles, pero el astrólogo no confundiría la percepción de los principales rasgos.

El bosque y los árboles

Ahora bien, lo curioso es que los quirománticos y los astrólogos con frecuencia piensan que trabajan sin usar la «intuición». Insisten en que «sólo nos dicen lo que hay».

Desde luego, esto es verdad hasta cierto punto. Su conocimiento y su experiencia identifican «lo que hay», pero la capacidad de ver la información y coger al vuelo los detalles importantes —apartar la enorme masa de posibilidades contradictorias que en general se amontonan en el mundo que nos rodea— es el verdadero trabajo de adivinación, y ésta es la labor, a menudo no reconocida, de la Mente Profunda del vidente.

Esta capacidad de vislumbrar el camino entre el bosque sin que nos confundan los árboles es también la función de la Mente Profunda: abrir tu mejor camino como Inversor Creativo.

Deberás seguir absorbiendo toda la información posible en el plano racional. Los periódicos financieros, las noticias internacionales, cualquier otra fuente que tenga que ver con los aspectos geográficos, ecológicos u otros de los productos y de los procedimientos, todo esto es material que triturará el molino que hay en tu cerebro, y que luego descenderá a la Mente Profunda y ella proseguirá con el trabajo.

Absorbe todo lo posible en el plano racional, pero nunca cometas el error de creer que el proceso superficial es todo lo que realizas o lo que debes efectuar.

Además, la Mente Profunda es la que, para auxiliarte lo mejor posible en esta cuestión de la Inversión Creativa, debe:

«... observar las semillas del tiempo
y ver cuál de ellas crecerá y cuál no»,

tal como Shakespeare describe en *Macbeth* el estudio minucioso de la Luz Astral.

Información interior

Cada vez te familiarizarás más con los periódicos financieros. Es probable que un día, mientras das un vistazo a las listas de los precios del mercado, algún tema en especial «te salte» a la vista desde la página.

Inmediatamente sabrás por qué, si tiene que ver con alguna otra cosa sobre la que hayas estado leyendo o pensando. O tal vez no tengas la menor idea, en cuyo caso lo bueno sería estudiar el resto del periódico y las noticias en general para descubrir lo que puedas.

Pero, sin duda, en esta etapa necesitas más información de la Mente Profunda, y el siguiente ejercicio avanzado del Espejo deberá ahora formar parte de tu programa.

Al utilizar esta técnica, puedes pedirle a la Mente Profunda noticias acerca de las sociedades o inventos que realmente te importen. A medida que adquieras más habilidad con esta técnica, en especial con respecto a «recibir» las respuestas que proporciona la Mente Profunda, podrás efectuar dos o tres preguntas en una sesión; no obstante, en las primeras etapas, mientras te familiarizas con la técnica y aprendes a dominarla, haz una sola pregunta cada vez. Formula siempre preguntas sencillas *y piénsalas de antemano* para que sean concisas y claras.

PREGUNTANDO A LA MENTE PROFUNDA

Coloca el Espejo a la vista sobre una mesa y delante de él el Talismán del Incremento. Si lo deseas, usa velas e incienso. No descubras el Espejo todavía.

1. De pie delante del Espejo, realiza el ejercicio del Signo del Incremento.
2. Continúa después con la Secuencia Quíntuple del Prana.
3. Sentado delante del Espejo, toca el Talismán del Incremento con ambas manos y di:

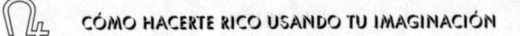

SOY UN GANADOR CREATIVO DE DINERO,
SOY UNO CON LAS FUERZAS
DE LA ABUNDANCIA
Y MEDIANTE EL SIGNO DEL INCREMENTO
RUEGO A MI MENTE PROFUNDA
QUE ME AYUDE
A ADQUIRIR CONOCIMIENTO Y SABIDURÍA,
PARA QUE PUEDA AVANZAR SIN RIESGOS Y CON ÉXITO
POR LOS CAMINOS DE LA PROSPERIDAD
Y EL INCREMENTO.

4. Como en el primer ejercicio del Espejo, golpéalo suavemente tres veces y descúbrelo.
5. Piensa en el aspecto Ariel de la Mente Profunda representado aquí por el reflejo tuyo en el espejo. *Cualquier saludo que realices debe ser en silencio.*
6. Cierra los ojos. Reflexiona sobre el tema que deseas investigar y haz la(s) pregunta(s) mentalmente.
7. Abre los ojos. Mira el Espejo y toma consciencia del aspecto Ariel de la Mente Profunda.
8. En voz alta, háblale de tu cariño hacia él. Háblale de la empresa o idea de la que deseas que te informe. Cuéntale tu necesidad de más conocimiento y sabiduría en ese campo para poder avanzar por los caminos de la Prosperidad y del Incremento por el bien de todo tu ser.
9. Ahora, FORMULA LA(S) PREGUNTA(S), y con tono suavemente autoritario ordena a la Mente Profunda que te ayude con su poder a obtener las respuestas.
10. Cubre el Espejo.
11. Todavía sentado, cierra los ojos. Relájate y visualiza el Signo del Incremento sobre tu frente y concéntrate sólo en él mientras la Mente Profunda realiza su trabajo.

NIVEL NUEVE

12. Continúa tranquilamente con la meditación sobre el Signo del Incremento durante unos diez minutos o hasta que te sientas impulsado en tu interior a reanudar el diálogo con la Mente Profunda.
13. Abre los ojos. Descubre el Espejo sin golpearlo. Toma consciencia del aspecto Ariel de la Mente Profunda representado por tu reflejo y repite mentalmente la(s) pregunta(s).
14. Cierra los ojos. Todavía relajado, respirando profunda y rítmicamente, visualiza un débil rayo de luz blanca que emana de tu frente y pasa directamente a la frente de tu reflejo imaginado.
15. Con esto en la mente —el rayo de luz te une con el aspecto Ariel de la Mente Profunda— y con la respiración constante, siéntate en silencio y espera a que aparezcan sensaciones en tu consciencia. Tu trabajo en esta etapa deberá ser totalmente pasivo y receptivo: deja que las sensaciones salgan a la superficie poco a poco y adopten la forma que quieran.
16. Cuando sientas que el flujo de información ha cesado por el momento, deja que el rayo de luz desaparezca de tu consciencia, vuelve a visualizar el Signo del Incremento en la frente, y medita y analiza la información recibida de la Mente Profunda.
17. Abre los ojos. Observa el Espejo y toma consciencia del aspecto Ariel de la Mente Profunda. Di:

MI MENTE PROFUNDA,
MI BUENA AMIGA Y ALIADA,
TE AGRADEZCO TU AYUDA EN ESTE TRABAJO.
SIGUE AYUDÁNDOME,
AHORA Y EN TODO MOMENTO,

PARA QUE JUNTOS PODAMOS OBTENER
TODAS LAS BENDICIONES
A LA LUZ DE LA ABUNDANCIA.

18. Tapa el Espejo y aplaude tres veces.
19. Por último, realiza la Secuencia Quíntuple del Prana.

Cuidado con el contenido emocional

Es probable que los periódicos no siempre te informen (de hecho, los periodistas puede que no siempre lo sepan) si hubo momentos de pánico en la Bolsa o una furia desbordante bajo la superficie conciliatoria en una reunión política. Al informarte sobre las sociedades que te interesan, probablemente, la Mente Profunda sí le hablará a la mente consciente de estos asuntos.

El peligro reside en que quizá malinterpretes estas emociones.

No suben a la mente consciente entre comillas, como si fueran citas. El Dr. Taverner, personaje de Dion Fortune, comenta que si aparece un impulso en nuestra mente, lo consideramos propio: y eso es exactamente lo que sucede con estas emociones. La única manera de que se nos muestre una emoción es sintiéndola. Esto puede ser muy desagradable mientras dure, y muy perturbador si dejamos que lo sea. Incluso el sentimiento de alegría puede ser perturbador si desconocemos su origen.

Si observas estas emociones, pero sabes que NO SON TUYAS, no hay peligro alguno. Simplemente tendrás un conocimiento más profundo de lo que sucede en una esfera de actividad de sumo interés para ti.

NIVEL NUEVE

Y después...

La práctica y la experiencia son importantes en esta técnica para «Preguntar a la Mente Profunda». Si todavía no eres muy diestro como para permitir que todas las sensaciones salgan rápidamente a la superficie, algunas se manifestarán en tus sueños o al día siguiente, pero lo que pidas estará allí.

La Mente Profunda no te dará necesariamente respuestas directas a las preguntas formuladas en los sueños, aunque *tal vez* sea así. Es más probable que, en este contexto, sugiera nuevos campos de investigación, nuevos cuestionamientos que deberás realizar mediante el ejercicio avanzado del Espejo. De todas maneras, debes tomar nota de tus sueños. La Mente Profunda será consciente de tu interés y poco a poco se comunicará con más facilidad con la mente consciente.

De nuevo, en las primeras etapas es probable que despiertes una mañana después de haber realizado el ejercicio del Espejo y encuentres en la mente con toda claridad la respuesta a tu pregunta.

Incluso puede que tengas la respuesta varios días después, por casualidad, en una conversación durante el almuerzo, quizá con una persona extraña, quien, debido a un impulso, creyó «que te interesaría saber». Estas cosas ocurren, en especial cuando esta implicada la atención de la Mente Profunda. Y, siempre que sea así, si aún te sientes más cómodo llamándolas «coincidencias», hazlo; no hay inconveniente.

No obstante, con la práctica, el conocimiento que buscas lo obtendrás con mayor agudeza e integridad por medio del ejercicio del Espejo.

Con claridad y sin prejuicios

Además de informarte de cuestiones sobre las que has querido saber de manera consciente, el mensaje de la Mente Profunda puede incluir información telepática procedente de todas partes, percepciones o alteraciones del aura y sensaciones psicométricas o radiestésicas de objetos que llegaron a ti.

Estos mensajes auxiliares pueden ser de inmenso valor para ti como Ganador Creativo de Dinero. Debes mantener el canal abierto de la siguiente manera:

— Manteniéndote relajado.
— Tomando nota de los sueños.
— Utilizando, de vez en cuando, la técnica para *Aumentar la Energía Psíquica* (Séptimo Nivel).

Como resultado, obtendrás estas comunicaciones con claridad y *sin prejuicios,* como si fueras un principiante total en el tema que te interesa.

La «Suerte del principiante»

De eso se trata la "suerte de principiante". La mente racional del principiante no tiene suficiente experiencia como para interferir, ni sus emociones están todavía comprometidas con el juego.

No obstante, ¡no serás principiante durante mucho tiempo! Ésa es otra razón por la que NECESITAS las técnicas para Ganar Dinero Creativamente: para separar la Mente Profunda de (digamos) la «inocencia perdida» de la consciencia racional.

NIVEL NUEVE

Palabras finales

Ten en cuenta la época en que vives.

Manténte actualizado con respecto a los acontecimientos, tendencias y desarrollos de toda clase. Tu objetivo no es convertirte en esclavo de las tendencias, pero debes conocerlas para poder dominarlas, para percibir las oportunidades que pueden ofrecerte.

No te dejes llevar por las opiniones de los demás sobre las posibilidades del momento. Después de todo, ¡una casa comercial holandesa logró venderles calculadoras a los japoneses!

Tu conocimiento de las técnicas paranormales y tu capacidad para dominar la angustia y el estrés deberán ejercer una gran influencia en tu vida como Ganador Creativo de Dinero. No dejes que te inhabilite un sentimiento de aislamiento de las corrientes vitales, como si estuvieras en una «torre de marfi».

La labor de la Mente Profunda, buscando información para ti, te ayudará si existen peligros de ese tipo. ¡Recuerda los relatos de *Las Mil y Una Noches* del gran califa Haroun al-Raschid y la sabiduría que adquirió paseándose disfrazado entre su pueblo!

Aprovecha al máximo las posibilidades ilimitadas que el programa para GANAR DINERO CREATIVAMENTE abre ante ti: planea tu futuro y enriquece todos los aspectos de tu vida.

PROSPERIDAD E INCREMENTO
A LA LUZ DE LA ABUNDANCIA.

NIVEL NUEVE

Puntos de acción

Como Ganador Creativo de Dinero tienes un potencial especial en el ámbito de las inversiones. Sólo necesitas conocimientos simples y cotidianos para alimentar y estimular tus facultades paranormales. Estáte al tanto de las noticias sobre el mercado financiero y sobre cualquier otro tema –ya sea tecnología, agricultura, medicina...– que tenga que ver con tu particular línea de inversión. Los periódicos financieros con frecuencia te ahorran tiempo y destacan los temas de interés actual con los artículos que publican.

Toda esta información es MATERIA PRIMA para la Mente Profunda. Manténla creativa con dinamismo.

El dinero forma parte de tu vida, así que no vaciles, cuando lo indiquen las circunstancias, en BENDECIR TUS INVERSIONES.

ESTÁTE ATENTO A LAS BUENAS OPORTUNIDADES para salir de los senderos trillados. Busca los nuevos desarrollos y ADOPTA UNA POSICIÓN VENTAJOSA. Es en esta clase de búsqueda en la que deberás pedir y recibir la ayuda de la Mente Profunda.

Si eres aplicado y la Mente Profunda está alerta, tal vez descubras con facilidad que ésta «no ha esperado la señal de partida» y la nueva empresa en la que te has fijado aún no cotiza en bolsa. Está bien. «Apalabra» una compra y deja que una faceta de la Mente Profunda monte guardia, por así decirlo, hasta que llegue el momento oportuno. *Para este proceso puede ser un buen incentivo conservar recortes de diarios sobre cualquier descubrimiento interesante.*

Sigue recabando información, con cualquier material que te dé claridad y vitalidad, de los periódicos financieros y de otras fuentes. Absorbe este material de la manera más imaginativa que te sea posible. Puedes buscar en tu interior, al mismo tiempo, una respuesta más clara y detallada.

Usa el ejercicio avanzado del Espejo, PREGUNTAR A LA MENTE PROFUNDA, para obtener de él una respuesta sobre un asunto importante. Puedes hacer más de una pregunta, pero, al principio, debe ser una sola. He aquí un resumen de la técnica:

1. Haz el ejercicio del Signo del Incremento.
2. Prosigue con la respiración del Prana.
3. Sentado, toca el talismán y di:

SOY UN GANADOR CREATIVO DE DINERO,

SOY UNO CON LAS FUERZAS

DE LA ABUNDANCIA,

Y MEDIANTE EL SIGNO DEL INCREMENTO

RUEGO A MI MENTE PROFUNDA...

4. Golpea el Espejo suavemente y descúbrelo.
5. Medita sobre el aspecto Ariel de la Mente Profunda. *Cualquier saludo se debe hacer en silencio.*
6. Cierra los ojos. Reflexiona sobre el tema en el que investigas y haz mentalmente la(s) pregunta(s).
7. Abre los ojos y toma consciencia de «Ariel».
8. En voz alta, háblale a la Mente Profunda del cariño que sientes por ella, del ámbito de tu interés y de tu necesidad

de adquirir más conocimientos sobre ese tema.
9. Realiza la(s) pregunta(s) y dirígela(s) a la Mente Profunda para que te ayude a obtener las respuestas.
10. Cubre el Espejo.
11. Cierra los ojos. Relájate. Visualiza el Signo del Incremento sobre tu frente.
12. Observa el Signo del Incremento durante unos diez minutos o hasta que te sientas obligado a reanudar el diálogo.
13. Abre los ojos y descubre el Espejo. Toma consciencia de «Ariel» y repite mentalmente las preguntas.
14. Cierra los ojos. Con una respiración uniforme y profunda, visualiza el rayo de luz que pasa desde ti hasta la imagen reflejada y te une a ella.
15. Siéntate en silencio y deja que las sensaciones afloren en tu consciencia.
16. Luego, deja que el rayo de luz desaparezca de tu consciencia. Vuelve a visualizar el Signo del Incremento sobre la frente y analiza lo que hayas recibido.
17. Abre los ojos. Sé consciente de «Ariel» y di:

MENTE PROFUNDA,

MI BUENA AMIGA Y ALIADA,

TE AGRADEZCO...

18. Cubre el Espejo y aplaude.
19. De pie, realiza la Secuencia Quíntuple del Prana.

Nunca olvides el aspecto «infantil» de la Mente Profunda. En toda tu relación con ella, sé sinceramente simple. No dejes que tus temores o tus anhelos «censuren» lo que te dice la Mente Profunda. Manténte *relajado* y *atento*. Aunque no puedes ser siempre principiante, sí puedes ser estudiante todos los días de tu vida.

Índice de ejercicios

Ejercicio del Signo del Incremento	23
Activar las ganancias	34
Para activar el talismán del incremento	54
Construcción del Espejo Negro	89
Primer ejercicio con el espejo	91
Incrementar la energía psíquica	142
La Secuencia Quíntuple del Prana	145
infundir la imagen: primera parte	160
infundir la imagen: segunda parte	172
procedimiento para apalabrar	188
preguntando a la mente profunda	193

Índice

Introducción	7
NIVEL UNO	
Esquema preliminar	13
Todos pueden ganar dinero	15
Puntos de acción	27
NIVEL DOS	
Esquema preliminar	31
El ahorro positivo	33
Puntos de acción	45
NIVEL TRES	
Esquema preliminar	49
Conectar a tierra	51
Puntos de acción	59
NIVEL CUATRO	
Esquema preliminar	63
Influencia en varios niveles	65
Puntos de acción	79

Nivel Cinco
- Esquema preliminar 83
- Invocar a Ariel 85
- Puntos de acción 95

Nivel Seis
- Esquema preliminar 97
- Observa la mente profunda 99
- Puntos de acción 105
- Lista de símbolos oníricos 107

Nivel Siete
- Esquema preliminar 135
- Los fenómenos psíquicos y las finanzas 137
- Puntos de acción 151

Nivel Ocho
- Esquema preliminar 157
- Infundir las imágenes 159
- Puntos de acción 175

Nivel Nueve
- Esquema preliminar 179
- El inversor creativo 183
- Puntos de acción 201

Índice de ejercicios 204